AF311831

PARIS SANS PAREIL
BIBLIOTHEQUE
DE
PAUL LACOMBE

BIBLIOTHÈQUE NATIONALE

DÉPARTEMENT DES MANUSCRITS

CHARTES ET DIPLOMES

NOTICE

DES

OBJETS EXPOSÉS

PARIS

H. CHAMPION, LIBRAIRE

15, QUAI MALAQUAIS, 15

1881

EXPOSITION

DU

DÉPARTEMENT DES MANUSCRITS

———

La grande galerie, dont la partie méridionale est affectée à l'exposition des manuscrits, est le plus important morceau qui subsiste du palais du cardinal Mazarin. Les peintures mythologiques de la voûte sont l'œuvre de Romanelli.

Les objets dont se compose l'exposition du département des manuscrits peuvent se rattacher à onze groupes :

1° Origines de la Bibliothèque. Débris des collections qu'avaient formées, au xive et au xve siècle, le roi Jean et les princes de sa famille : Charles V, Jean, duc de Berry, les ducs d'Orléans, les comtes d'Angoulême et les ducs de Bourgogne. Armoire X, articles 1-34 de la Notice.

2° Manuscrits et xylographes orientaux et américains. Armoire XV, raticles 35-71.

3° Manuscrits grecs. Armoire XVII, articles 72-101.

4° Paléographie latine, depuis l'antiquité jusqu'à l'époque carlovingienne. Armoire XIII, articles 102-133.

5° Paléographie de l'Italie, de l'Espagne, de l'Angleterre et de l'Allemagne, depuis Charlemagne jusqu'à la fin du moyen âge. Armoire XII, articles 134-166.

6° Paléographie de la France, depuis Charlemagne jusqu'à la fin du moyen âge. Armoire XI, articles 167-196.

7° Peintures des manuscrits. Armoire XIX, articles 197-221.

8° Manuscrits des rois et des reines de France. Armoire XX, articles 222-255.

9° Reliures des manuscrits, principalement reliures formées d'ivoires, de plaques d'orfévrerie, etc. Vitrines XXX et XXXI, articles 256-297.

10° Documents divers et pièces autographes. Vitrines XVI, XVIII et XXXII, articles 298-363.

11° Documents diplomatiques et pièces diverses sur papyrus et sur parchemin. Cadres accrochés au mur méridional de la galerie annexe, articles 364-448.

Dans la galerie Mazarine, les armoires et les vitrines numérotées X-XIII, XV-XX et XXX-XXXII sont consacrées à l'exposition des manuscrits; le complément de cette exposition se trouve dans la galerie de bois qui unit les anciens bâtiments du Palais Mazarin aux nouvelles constructions donnant sur la rue Richelieu.

Le tableau suivant indique l'ordre des armoires et des vitrines dans la Galerie Mazarine.

Dans ce tableau, les numéros en chiffres arabes, placés entre parenthèses, correspondent aux articles de la notice descriptive, aussi bien qu'aux numéros des objets renfermés dans chacune des armoires et des vitrines.

X (1-34)		XX (222-255)
XI (167-196)	XXX (262-285)	XIX (197-221)
		XVIII (298-307)
XII (134-166)	XXXI (256-261) et 286-297)	XVII (72-101)
		XVI (308-314)
XIII (102-133)	XXXII (315-363)	XV (35-71)
		XIV Géographie.

Entrée des salles de travail.

ARMOIRE X.

—

ORIGINES DE LA BIBLIOTHÈQUE, AU XIVᵉ ET AU XVᵉ SIÈCLE.

Le roi Jean.

1. Portrait du roi Jean. Peinture sur bois du xivᵉ siècle, donnée à la Bibliothèque par Roger de Gaignières.

2. L'Histoire des croisades, traduction de Guillaume de Tyr. Exemplaire de la première moitié du xivᵉ siècle ; à la fin se voit la signature de Jean, duc de Normandie, qui depuis fut roi de France et dont les livres ont formé le premier noyau de la librairie du Louvre. (Français 67.)

3. Premier volume d'une Bible avec commentaires ; traduction française qui ne fut jamais achevée et que le roi Jean avait fait entreprendre par Jean de Sy. On y travaillait en 1356. (Français 15397.)

Charles V.

4. Rouleau contenant le plus ancien Catalogue de la librairie du Louvre. Il est intitulé : « Cy après en ces roullez sunt escrips les livres de très souverain et très excellent prince

Charles le quint de son nom, par la grace de Dieu roy de France, lesquielx estoient en son chastel du Louvre, en trois chambres, l'une sus l'autre, l'an de grace mil CCC soissante et treze, enregistrés de son commandement par moy Gilet Malet. » (Chartes de Baluze, n° 703.) — Un estampage de la dalle tumulaire de Gilles Malet, premier garde de la librairie du Louvre, mort en janvier 1411, se voit appendu au mur de la salle qui précède la Galerie Mazarine.

De la Librairie royale, telle qu'elle existait dans une tour du Louvre sous les règnes de Charles V et de Charles VI, nous possédons dans nos collections 44 volumes, dont les principaux sont exposés dans l'armoire X de la Galerie Mazarine.

5. « L'Apocalipse en françois, toute figurée et historiée, en prose. » Manuscrit du commencement du xiiie siècle, que le roi Charles V « bailla à monseigneur d'Anjou pour faire faire son beau tappis, » c'est-à-dire une tapisserie qui est aujourd'hui conservée à la cathédrale d'Angers. D'après une ancienne note, tracée par une main anglaise, ce manuscrit passait, au moyen âge, pour avoir été fait à l'intention de Charlemagne : « Apocalipsis in pictura, facta Karolo Magno. » — Volume rentré dans la Bibliothèque du roi, sous le règne de Louis XII, avec les livres de Louis de Bruges. (Français 403.)

6. Second volume d'un bréviaire du milieu du xive siècle, appelé le Bréviaire de Belleville, parce qu'il fut fait pour un seigneur de Belleville. Il a appartenu à Charles V, à Charles VI, à Richard II, roi d'Angleterre, à Jean, duc de Berry, puis au couvent de Poissy. Jean Flamel a tracé les notes suivantes sur les folios 444 v° et 445 : « Cest breviaire est à l'usaige des Jacobins, et est en deux volumes, dont cest cy le premier, et est nommé le Breviaire de Belleville, et le donna le roy Charles le VIe au roy Richart d'Angleterre; et quant il fu mort, le roy Henry son successeur l'envoya à son oncle le duc de Berry, auquel il est à present : FLAMEL. — Lesquelz

deux volumes mon dit seigneur a donnez à madame suer Marie de France, sa niepce : Flamel. » (Latin 10483. Du couvent de Poissy.)

7. Second volume de la Bible, traduite en français. A la fin, pièce de vers dont les premières lettres réunies donnent les mots : « Charles, ainsné fils du roy de France, duc de Normandie et dalphin de Viennoys. » La copie est datée de l'an 1363. — Au fol. 367 v°, note de la main de Charles V : « Ceste Bible est à nous Charles le Ve de notre non roy de France, et est en II volumez, et la fimez faire et parfere : Charles. » — Au fol. 368 v°, note autographe du duc de Berry : « Ce livre est au duc de Berry, et fut du roy Charles, son frère : Jehan. » — Sur le fol. 367 v°, notes autographes de Henri III, de Louis XIII et de Louis XIV. — Volume relié aux armes du cardinal de Bourbon. On a ajouté après coup, sur le plat, les armes de Henri IV. (Français 5707.)

8. Rational des divins offices, dont le frontispice nous offre les portraits de Charles V, de Jeanne de Bourbon et de leurs enfants. — Au bas du fol. 403, note autographe du roi Charles V, ainsi conçue : « Cest livre nommé Rasional des divins ofises, est à nous Charles le Ve de notre nom, et le fimes tranlater, escrire et tout parfere, l'an MCCCLXXIIII. » Porté en Angleterre après la mort de Charles VI, ce manuscrit fut acheté à Londres en 1441 par Jean, comte d'Angoulême. (Français 437.)

9 et 10. « Translacion et exposicion de la Cité de Dieu de saint Augustin, commenciée par maistre Raoul de Praelles, à la Toussains, l'an de grace mil CCC soixante et onze, et achevée le premier jour de septembre l'an de grace mil CCC soixante et quinze. » Deux volumes ornés de peintures ; en tête du tome I, est le portrait de Charles V. (Français 22912 et 22913. Donnés à la Bibliothèque par Roger de Gaignières, qui les avait trouvés, en 1707, chez un libraire du quai des Augustins.)

11. Cartes catalanes, exécutées vers l'année 1375, et qui sont ainsi désignées sur l'inventaire de la librairie de Charles V : « Une quarte de mer en tableaux, faitte par maniere d'unes tables, painte et historiée, figurée et escripte, et fermant à quatre fermoirs de cuivre, laquele carte contient six grans fueillés qui sont de bois, sur lesquels fueillés est colé le parchemin, ouquel sont faictes les dictes figures, couvert de cuir blanc, à deux rondeaux ouvrés. » (Espagnol 30.)

12. « Le livre de l'Information des princes, translaté de latin en françois, du commendement du roy de France Charles le quint, par son clergonnet frère Jehan Golein, de l'ordre de Nostre Dame du Carme. »

Frontispice encadré d'une bande tricolore et renfermant le portrait du roi.

Copie signée de Henri du Trévou. qui l'acheva le 22 septembre 1379. — Henri du Trévou et Raoulet d'Orléans, dont un volume est exposé dans la même armoire (manuscrit français 312) sont les deux plus habiles copistes qui aient travaillé pour Charles V. (Français 1950.)

13. Second volume de la Bible historiale. Manuscrit du xive siècle, dont la miniature du commencement est encadrée d'une bande tricolore. De la bibliothèque de Louis de Bruges. (Français 157.)

14. Les Grandes Chroniques de France, copie du xive siècle, avec miniatures encadrées de bandes tricolores. A la fin de ce volume, signature du roi Charles VI. (Français 10135.)

*Jean, duc de Berry, frère de Charles V,
mort en 1416.*

15. « L'inventoire des joiaulx d'or, d'argent, perrerie et de pluseurs autres choses, que maistre Guillaume de Ruilly avoit en garde de monseigneur le duc de Berry et d'Auvergne, conte de Poictou, d'Estempes, de Boulongne et d'Auvergne, commencié à faire le second jour de décembre l'an de grâce mil CCCC et un. » Cet inventaire comprend la description des livres du duc de Berry. (Français 11496.)

Jean, duc de Berry, qui fut peut-être le bibliophile le plus passionné et le plus délicat du moyen âge, avait formé une magnifique librairie, dont la Bibliothèque Nationale a recueilli 54 volumes.

16. Psautier latin et anglo-saxon, copié au xie siècle par « Sacer Dei Wulfwinus, id est cognomento Cada. » La signature du duc de Berry est sur la même page que la souscription du copiste anglais. (Latin 8824.)

17. Le Rational des divins offices. Exemplaire de Jean, duc de Berry, qui a mis sa signature à la fin du volume. (Français 176.)

18. Le Livre du Ciel et du Monde, attribué à Aristote, traduit en français par Nicole Oresme. Exemplaire du duc de Berry, dont le frontispice est encadré d'une bande tricolore. Ce frontispice est orné des armes du duc de Berry, avec le cygne noir et la devise de ce prince : *Le temps venra.* (Français 1082.)

19. L'Image du Monde, en prose. Manuscrit de la première moitié du xive siècle, orné de peintures, ayant appartenu d'abord à Guillaume Flote, chancelier de France sous le règne de Philippe de Valois, puis à Jean, duc de Berry, dont la signature est sur le dernier feuillet. (Français 574.)

20. Térence, avec peintures. Manuscrit exécuté pour Jean, duc de Berry. (Latin 7907 A. Donné par Le Tellier, archevêque de Reims.)

21. Premier volume du Roman de Lancelot, avec peintures. Manuscrit exécuté pour le duc de Berry et qui a plus tard appartenu à Jacques d'Armagnac, duc de Nemours, puis aux ducs de Bourbonnais. (Français 117.)

22. Le Roman de la Rose; exemplaire que Martin Gouge, évêque de Chartres, donna en 1403 à Jean, duc de Berry. En tête, titre écrit de la main de Jean Flamel. (Français 380. De la bibliothèque de Colbert.)

23. Poésies de Guillaume de Machaut; quelques morceaux sont accompagnés de la notation musicale. — Exemplaire de Jean, duc de Berry (Français 9221.)

24. La Cité des Dames, par Christine de Pisan. Exemplaire de Jean, duc de Berry, dont la signature est à la fin du volume. (Français 607.)

25. Le Livre de Bonnes Mœurs, composé en 1410 par Jacques Le Grant. Exemplaire orné de peintures et ayant appartenu au duc de Berry, qui a mis sa signature à la fin du volume et qui est représenté sur le frontispice, recevant l'ouvrage de la main de l'auteur. (Français 1023.)

26. Le livre des Femmes nobles et renommées, que fit Jehan Bocasse, escript en françois de lettre de forme, lequel Jehan de la Barre donna à monseigneur le duc de Berry en l'année 1404, (Français 598. De la librairie des ducs de Bourbonnais.)

Louis, duc d'Orléans, fils de Charles V,
mort en 1407, et sa famille.

27. Premier volume de la traduction française du Miroir
historial de Vincent de Beauvais; il a été copié en 1396 par
Raoulet d'Orléans, pour Louis, duc d'Orléans, dont les armes
supportées par des loups se voient au bas du frontispice.
(Français 312.)

28. La Vision du prieur de Salon : exemplaire présenté à
Valentine de Milan, duchesse d'Orléans, morte en 1408, qui
est représentée en tête du volume. (Français 811.)

29. Divers traités de médecine. Manuscrit du xiiie siècle,
que Charles, duc d'Orléans (1407-1466), le poète, gagna dans
une partie d'échecs engagée avec son médecin Jean Cailleau.
Le prince a rappelé cette circonstance par une note autographe, qui se lit sur le feuillet de garde : « Iste liber lucra-
tus fuit ad ludum scacorum a magistro Johanne Cailleau per
me ducem Aurelianensem : KAROLUS. » (Latin 6868.)

30. Divers traités de dévotion. Manuscrit du xve siècle, à
la fin duquel les deux frères Charles, duc d'Orléans, et Jean
le Bon, comte d'Angoulême (1407-1467), ont mis leurs signatures. (Français 1802.)

31. La Passion de Notre-Seigneur. Manuscrit du xve siècle,
à la fin duquel est la signature de Marie de Clèves, duchesse
d'Orléans, morte en 1487. (Français 966.)

32. Le Roman de Troille et de Criseida, copié par Pierre
d'Amboise, en 1455 et 1456, pour Marie de Clèves, duchesse
d'Orléans, dont les attributs sont peints sur le frontispice,
avec la devise : *Riens ne m'est plus.* (Français 25528. De la
bibliothèque du duc de La Vallière.)

33. Méditations et opuscules de piété, en latin. Volume sur papier, copié de la main de Jean le Bon, comte d'Angoulême, petit-fils de Charles V et grand-père de François Ier, dont la signature a été indiquée plus haut, art. 30. (Latin 3638.)

Philippe le Hardi, duc de Bourgogne,
frère de Charles V, mort en 1404.

34. La belle Bible historiée de Philippe le Hardi, duc de Bourgogne. Ce volume, que le mariage d'Agnès de Bourgogne fit passer de la librairie de Bruges dans celle de Moulins, renferme plus de 5,000 tableaux, qui paraissent avoir été commencés en 1401 par les enlumineurs Polequin Manuel et Janequin Manuel. (Français 167.)

ARMOIRE XV.

MANUSCRITS ET XYLOGRAPHES ORIENTAUX ET AMÉRICAINS.

35. Bible, en deux volumes, accompagnée de la Massore et des paraphrases chaldaïques. Cette Bible, écrite au xII^e siècle, corrigée en 1512 à Mantoue, a appartenu au cardinal Camillo Massimi. (Hébreu 17.)

36. Le Pentateuque hébreu selon la rédaction des Samaritains, écrit en caractères samaritains. Ce manuscrit, composé de deux exemplaires différents, écrits probablement, l'un et l'autre, au xIII^e siècle, vient de l'Oratoire et a servi à l'édition du texte publié par le P. Morin. (Samaritain 4.)

37. Les quatre Évangiles, dans la version peschîtto. Ce manuscrit est composé de fragments de deux exemplaires différents, dont l'un paraît être du vII^e siècle, l'autre du xII^e. En tête du volume se trouvent la lettre et les canons d'Eusèbe ornés de miniatures. (Syriaque 33.)

38. Le « Trésor » ou le « Grand livre, » le principal ouvrage religieux des Mandaïtes. Ce livre a été publié, sous le titre de « Codex Nasaræus, Liber Adami appellatus, » à Lund, en 1815. — Le manuscrit, exécuté à Maqdam, près de Howaiza, en 968 de l'hégire (1560 de J.-C.), a été acheté en 1674, à Bassore, par J.-Fr. Lacroix, pour la bibliothèque de Colbert. (Sabéen 1.)

39. Livre appelé *Orgânón-Denghel* ou « Orgue de la Vierge, » c'est-à-dire louanges de la sainte Vierge. L'ouvrage, divisé en sept sections pour les sept jours de la semaine, a été composé, en 1440, par Abbâ-Georges l'Arménien, moine du couvent de Sadamant. Le manuscrit est du xviie siècle. (Ethiopien 97.)

40. Fragments coptes sur papyrus. (Copte 93.)

41. Les quatre Évangiles, accompagnés de la version arabe. Ce manuscrit date du xiiie siècle. (Copte 14.)

42. Recueil de leçons pour la messe, en arménien. (Arménien 30.)

43. Traduction en géorgien de la tragédie d'*Alzire*, de Voltaire, par le prince Tchastchazâdè. (Géorgien 12.)

44. Le Coran. Le texte est divisé en sections de cinq versets. A la fin du volume se trouve le *Fâl-nâmé*, en persan, c'est-à-dire les règles pour tirer les augures au moyen des versets du Coran. — Ce manuscrit, écrit en neskhi, a été exécuté en Perse, au xviie siècle. (Arabe 175.)

45. Fragments d'un Coran, en caractères coufiques, écrit probablement au commencement du iie siècle de l'hégire. (Supplément arabe 150 iii. De la collection d'Asselin.)

46. Les Séances de Harîrî. (Abou-Mohammed al-Qâsim ben-Alî, auteur du xie siècle). Cet exemplaire, orné de peintures, l'un des rares spécimens de l'art arabe, vient de la bibliothèque du couvent de Saint-Vaast, à Arras. (Supplément arabe 1618.)

47. Passeport sur papyrus, écrit en arabe, en l'an 133 de l'hégire (751 de J.-C.), donné par un gouverneur d'Égypte à un chrétien copte. (Supplément arabe 1956.)

48. Volume arabe, venu du Sénégal, enveloppé d'un morceau de peau de chèvre et fermé par une corde à laquelle est attachée une coquille. (Acquis en 1878.)

49. OEuvres complètes du Schaïkh Mouslih ed-dîn Sa'dî, de Schîrâz, auteur du xiiie siècle. (Persan 239.)

50. Divan ou Poésies mystiques de Khosrou de Dehlî, auteur du commencement du xive siècle. (Persan 245.)

51. Le Schâh-nàmè, ou Livre des Rois, d'Abou'l-Qâsim Hasan ben-Mohammed Firdoûsî. Ce célèbre poème épique de la Perse a été publié et traduit en français dans la grande collection orientale, imprimée à l'Imprimerie nationale. (Supplément persan 489.)

52. Divan-i-Khâqânî. Recueil de poésies persanes composées par le roi Feth-Alî-Schâh. Manuscrit offert à la Bibliothèque par ordre de ce prince lui-même. (Supplément persan 689.)

53. Souz ou Ghoudâz. Histoire romanesque en vers persans, par Névi. (Supplément persan 769.)

54. Moukhzin al-Asràr, ou Trésor des secrets, poème mystique de Nîzâmî. Ce manuscrit a été exécuté en 944 de l'hégire pour le sultan Abou 'l-Gâzî Abd al-Azîz Behadur. (Supplément persan 985.)

55. Le Vendidâd-sàdé. Ce manuscrit fait partie de la collection des manuscrits relatifs à la religion de Zoroastre rapportés de l'Inde par Anquetil Duperron. (Supplément persan 27.)

56. Daroun-Zadé, ou recueil de tous les darouns que les Parses récitent en différentes circonstances de la vie. Manuscrit rapporté de l'Inde par Anquetil Duperron. (Supplément persan 983.)

57. Le Bhâgavata Pourâna. Histoire des incarnations de Vichnu, notamment sous la forme de Krichna. Ce poème mythologique et philosophique a été publié et traduit par Eug. Burnouf dans la Collection orientale de l'Imprimerie Nationale. (Sanscrit devanagari 1 A et B.)

58. 59. Le Kammavâca, ou Rite d'ordination des prêtres bouddhiques, en pali, écrit en anciens caractères birmans. (Pali 24 et 25.)

60. Sanyutta-nikàya, ou Collection des prédications du Bouddha, formant la quatrième partie de la deuxième section (Sutta-pitaka) de la Triple Corbeille (Tripitaka) ou des écritures sacrées des Bouddhistes. Le présent manuscrit, écrit en caractères birmans, sur olles, fait partie de l'exemplaire complet du Tripitaka, en trente volumes, donné en 1866 par le roi de Birmanie à Mgr Bigandet, évèque catholique de Rangoûn, et par Mgr Bigandet à la Bibliothèque nationale. (Pali 72.)

61. Petit rouleau tamoul, écrit sur olles.

62. Dharmapradîpika, ou Flambeau de la Loi, exposé complet de la religion de Gautama-Bouddha, en singhalais mêlé de sanscrit et de pali. Ce manuscrit, écrit sur olles, en 1828, vient de la bibliothèque d'Eugène Burnouf. (Singhalais 7.)

63. Manuscrit en langue rejang (idiome de l'île de Sumatra), écrit sur planches de bambou. (Javanais 151.)

64. Phra Laksanavong. Histoire des aventures d'un prince nommé Laksanavong. Roman siamois. (Siamois 46.)

65. Manuscrit en langue et écriture batta. (Batta 4.)

66. Le premier volume du Si-t'sing-kou-kien, ou description figurée des bronzes antiques (vases. trépieds, miroirs, etc.) et des médailles du Cabinet impérial de Péking. (Chinois 568.)

67. Inenggidari giyangnaka chou ging ni dchourgan be soukhe bitkhe. Traduction mandchou du texte et de la paraphrase impériale du Chou-King, l'un des livres canoniques. (Chinois 1008.)

68. Collection de fac-simile des autographes des empereurs et des rois des différentes dynasties. (Chinois 1858.)

69. Tchi-fang-ta-y-thoung-tsoung-thou. Atlas manuscrit de tous les pays compris dans l'empire chinois, rédigé sous la dynastie des Ming. (Chinois 3555.)

70. Jin-king-yang-thsieou. Notices historiques sur des personnages célèbres de la Chine. (Ancien fonds chinois 40.)

71. Manuscrit Maya (langue de la presqu'île du Yucatan), parfois désigné par les mots « Codex Peresianus ». C'est l'un des trois manuscrits connus de l'antiquité Maya. Une reproduction photographique en a été publiée en 1864. (Mexicain 2.)

ARMOIRE XVII.

—

MANUSCRITS GRECS

72. Fragments de l'Ancien et du Nouveau Testament, en onciales du **v**e siècle. Ce texte a été effacé au xive siècle, pour être remplacé par celui des œuvres de saint Ephrem. L'existence et l'importance du texte effacé furent reconnues et constatées à la fin du xviie siècle par Boivin, garde des manuscrits. C'est l'un des premiers palimpsestes dont la crique moderne ait réussi à tirer parti. (Grec 9. De la bibliothèque de Catherine de Médicis.)

73. Les Épîtres de Saint Paul, en grec et en latin. Écriture onciale du vie siècle. (Grec 107. De la bibliothèque des frères Du Puy.)

74. Octateuque. Écriture onciale du vie siècle. (Fonds Coislin, no 1.)

75. Sentences des Pères. Onciale du ixe siècle, avec peintures. (Grec 923.)

76. Traité médical de Dioscoride, avec les noms des plantes en arabe. Écriture onciale du ixe siècle, avec peintures. (Grec 2179.)

77. L'Almageste de Ptolémée. Écriture onciale du ixe siècle. (Grec 2389.)

78. Les quatre Évangiles. Écriture du x* siècle, avec peintures. (Grec 70. De la bibliothèque du cardinal Mazarin.)

79. Épîtres de saint Paul. Écriture du xɪᵉ siècle, avec peintures. (Grec 224. Acquis en 1688.)

80. OEuvres de saint Grégoire de Naziance, xɪᵉ siècle, avec peintures. (Grec 533. De la bibliothèque de Colbert.)

81. Commentaires d'OEcuménius sur les Actes des apôtres, les Épîtres canoniques et les Épîtres de saint Paul. xɪᵉ siècle. (Grec 219. De la bibliothèque de Catherine de Médicis. Ce manuscrit avait appartenu à Janus Lascaris.)

82. Vies des saints. Manuscrit du xɪᵉ siècle, orné de peintures. (Grec 580. De la bibliothèque de Colbert.)

83. Thériaques de Nicandre. xɪᵉ siècle, avec peintures imitées de l'antique. (Supplément grec, n° 247.)

84. Psautier en lettres d'or. xɪɪᵉ siècle. (Grec 21. De la bibliothèque de Colbert.)

85. Évangéliaire du xɪɪᵉ siècle. (Supplément grec, n° 567.)

86. Lectionnaire du xɪɪᵉ siècle, orné de peintures. (Grec 278. De la bibliothèque de Colbert.)

87. Rouleau liturgique du xɪɪᵉ siècle. (Supplément grec n° 578.)

88. OEuvres de saint Maxime. xɪɪᵉ siècle. (Grec 886. De la bibliothèque de R. Trichet Du Fresne.)

89. Traité théologique, avec le portrait de l'impératrice Eudocia Augusta. On peut rapporter ce manuscrit à l'année 1162. (Grec 922. De la bibliothèque de Colbert.)

90. Homélies sur la sainte Vierge. Écriture du xiie siècle, avec peintures. (Grec 1208. Acquis en 1687.)

91. Partie de Ménologe, se rapportant au mois de janvier. Manuscrit du xiie siècle, avec peintures et neumes. (Grec 1561.)

92. Géographie de Strabon ; manuscrit du xiie siècle, sur papier de coton. (Grec 1393.)

93. Lexique de Suidas, xiie siècle. (Grec 2626. De la bibliothèque de Catherine de Médicis.)

94. Nouveau Testament ; manuscrit du xiiie siècle, que l'empereur Michel Paléologue offrit à saint Louis. (Fonds Coislin, n° 200.)

95. Histoire de Barlaam et Joasaph. xive siècle, avec peintures. (Grec 1128.)

96. Hippocrate, avec le portrait d'Alexis Apocaucos. Milieu du xive siècle. (Grec 2144.)

97. OEuvres de Jean Cantacuzène, avec le portrait de cet empereur. Manuscrit daté de l'année 1375. (Grec 1242.)

98. Évangéliaire grec-latin, copié à la fin du xve siècle pour le cardinal de Bourbon. (Grec 55.)

99. Oppien. xve siècle, avec peintures. (Grec 2736.)

100. Oppien. Volume copié par Ange Vergèce, relié pour Diane de Poitiers. (Grec 2737.)

101. Polybe. Volume copié à Paris en 1547, par Ange Vergèce. (Grec 1649.)

ARMOIRE XIII

—

PALÉOGRAPHIE LATINE, DEPUIS L'ANTIQUITÉ JUSQU'A L'ÉPOQUE CARLOVINGIENNE (1).

102. La troisième décade de Tite-Live, en lettres onciales du v⁰ siècle. Manuscrit de la bibliothèque de Corbie, donné par les frères Pierre et Jacques Du Puy. (Latin 5720.)

103. Les poésies de Prudence, en lettres capitales, du v⁰ ou du commencement du vi⁰ siècle. Il y a une souscription, peut-être originale, de Vettius Agorius Basilius Mavortius, consul en 527. (Latin 8084. Donné par les frères Du Puy.)

104. Livres VI-VIII du Code théodosien. Manuscrit en lettres onciales, peut-être du vi⁰ siècle, qui a appartenu à Pithou. (Latin 9643. Acquis en 1837.)

105. Fragments d'homélies de saint Avit. |Écriture cursive, sur papyrus, du vi⁰ siècle. (Latin 8913. De la bibliothèque de J.-A. de Thou.)

106. Homélies de saint Augustin. Manuscrit sur papyrus, du vi⁰ siècle. (Latin 11641. De l'abbaye de Saint-Germain des Prés.)

(1) Le tableau chronologique, imprimé à la fin de la Notice, donne une idée exacte des ressources que l'Exposition fournit pour l'étude de la paléographie antérieurement au xii⁰ siècle.

107. Canons de conciles, en lettres onciales, avec quelques morceaux en belle cursive, du milieu du vɪᵉ siècle. (Latin 12097. De l'abbaye de Corbie.)

108. Épigrammes de saint Prosper, en lettres onciales du vɪᵉ siècle. (Latin 11326.)

109. Les quatre Évangiles, en lettres onciales, peut-être du vɪᵉ siècle. Ce manuscrit, dont s'est servi dom Sabbathier pour établir son texte de la version italique, vient de l'abbaye de Corbie. (Latin 17225.)

110. La Cité de Dieu, de saint Augustin. Écriture semi-onciale du vɪɪᵉ siècle, avec notes en minuscule de la même époque. (Latin 12214. De l'abbaye de Corbie.)

111. OEuvres de saint Cyprien, en lettres onciales du vɪɪᵉ siècle. (Latin 10592. De la bibliothèque de Séguier.)

112. Livre de saint Hilaire sur la Trinité, en lettres onciales du vɪɪᵉ siècle. — Manuscrit de l'abbaye de Saint-Denis, relié aux armes de Colbert. (Latin 2630.)

113. Traités de saint Jérôme et de Gennadius sur les hommes illustres. Manuscrit palimpseste du vɪɪᵉ siècle. (Latin 12161. De l'abbaye de Corbie.)

114. Les quatre Évangiles, à l'usage de l'abbaye de Saint-Denis. Écriture onciale remontant peut-être au vɪɪᵉ siècle. (Latin 256. De la bibliothèque de Colbert.)

115. Les quatre Évangiles. Écriture onciale pouvant dater du vɪɪɪᵉ siècle. (Latin 17226. De la bibliothèque de Notre-Dame de Paris.)

116. Histoire ecclésiastique des Francs, par Grégoire de

Tours. Manuscrit en onciale mérovingienne, du viie siècle, jadis conservé dans la bibliothèque du chapitre de Beauvais. (Latin 17654.)

117. Histoire ecclésiastique des Francs, par Grégoire de Tours. Manuscrit en cursive mérovingienne du viie siècle, jadis conservé dans l'abbaye de Corbie. (Latin 17655.)

118. Lectionnaire de l'abbaye de Luxeuil, en minuscule mérovingienne très élégante, du viie siècle. (Latin 9427. Acquis en 1857.)

119. Sacramentaire gallican, écrit au viie siècle, en onciale tirant sur la minuscule. Découvert à Bobbio en 1686 par Mabillon et passé depuis dans la bibliothèque de Saint-Germain des Prés. (Latin 13246.)

120. Ouvrages de saint Augustin et règles des Pères. Ecriture semi-onciale du commencement du viiie siècle. (Latin 12205. De l'abbaye de Saint-Germain des Prés.)

121. Anthologie latine. Manuscrit en lettres onciales, du commencement du viiie siècle, qui a appartenu à Saumaise. (Latin 10318.)

122. La Concorde des Évangiles, par saint Augustin. Ecriture semi-onciale du viiie siècle. (Latin 12190. De l'abbaye de Corbie.)

123. Vie de saint Wandrille. Ecriture onciale du viiie siècle. (Latin 18315. Du chapitre de Notre-Dame de Paris et plus anciennement de l'abbaye de Corbie.)

124. Sacramentaire de l'abbaye de Gellone, au diocèse de Lodève. Fin du viiie siècle. (Latin 12048. De la bibliothèque de Saint-Germain des Prés.)

125. Commentaire de saint Jérôme sur Jérémie. Volume copié dans le monastère de Saint-Denis, par ordre de l'abbé Fardulfus, entre les années 793 et 806, ou environ. Il a appartenu à A. Loisel, puis au chapitre de Notre-Dame de Paris. (Latin 1737!.)

126. Bible écrite par les soins de Théodulfe, évêque d'Orléans (788-821). Elle était, au xie siècle, dans le trésor de la cathédrale d'Orléans ; au xviie, elle appartenait à la famille de Mesmes. (Latin 9380.) — Une Bible absolument semblable se conserve encore aujourd'hui dans le trésor de la cathédrale du Puy.

127. La Loi romaine des Wisigoths, copiée au viiie ou au commencement du ixe siècle. Volume relié aux armes et au chiffre de Charles IX. (Latin 4403.)

128. Le Loi romaine des Wisigoths, copiée dans le monastère des Deux-Jumeaux au diocèse de Bayeux, la 19e année de l'empereur Louis le Débonnaire, c'est-à-dire en 833. (Latin 4413. De la bibliothèque de la famille de Mesmes.)

129. Extraits de saint Augustin, par Eugippius ; manuscrit exécuté au commencement du ixe siècle dans l'abbaye de Saint-Amand en Puelle, par le moine Lothaire, qui mourut en 828. Sur le premier feuillet, fragment de Térence en lettres capitales. (Latin 2109. Donné par Le Tellier, archevêque de Reims.)

130. Les Comédies de Térence, avec dessins imités de l'antique. Ce manuscrit, du ixe ou du xe siècle, qui fut longtemps conservé dans l'abbaye de Saint-Denis, est relié aux armes et au chiffre de Charles IX. (Latin 7899.)

131. Les œuvres d'Horace, avec gloses. Manuscrit du ixe siècle ou du xe siècle, qui a appartenu à Jacques Mentel. (Latin 7972.)

132. Sacramentaire à l'usage de l'abbaye de Corbie, écrit par Rodrade, qui avait été ordonné prêtre, le 4 mars 853, par Hilmerade, évêque d'Amiens. — Passé en 1638 de la bibliothèque de Corbie dans celle de Saint-Germain des Prés. (Latin 12050.)

133. Sacramentaire de l'abbaye de Corbie, exécuté dans la seconde moitié du xe siècle, par les soins de Ratold, abbé de Corbie (972-986). — Passé en 1638 de la bibliothèque de Corbie dans celle de Saint-Germain des Prés. (Latin 12052.)

ARMOIRE XII.

—

PALÉOGRAPHIE DE L'ITALIE, DE L'ESPAGNE, DE L'ANGLETERRE
ET DE L'ALLEMAGNE, DEPUIS CHARLEMAGNE
JUSQU'A LA FIN DU MOYEN AGE.

Italie.

134. Collection de Canons, en écriture lombardique, du
viiie ou du ixe siècle. (Latin 8921.)

135. Commentaire de saint Jérôme sur Ézéchiel. Écriture
lombardique du ixe siècle. (Latin 12155. De la bibliothèque de
Corbie.)

136. L'Hexaméron de saint Ambroise. Écriture lombardique
du ixe siècle. (Latin 12135. De la bibliothèque de Corbie.)

137. Poésies de Fortunat, en écriture lombardique du
ixe siècle. (Latin 13048. De la bibliothèque de Corbie.)

138. Cartulaire de l'abbaye de Casaure, dans les Abruzzes.
Manuscrit du xiie et du xiiie siècle. (Latin 5411.)

139. Les Annales de Gênes, par Cafaro, continuées par

divers chroniqueurs. Manuscrit original du xii° et du xiii᷄ siècles, orné de peintures. (Latin 10136.)

* Bible en images, travail italien du commencement du
xiv° siècle; voyez plus loin, article 232, armoire XX.

140. Méditations sur la vie de Notre-Seigneur. Manuscrit
italien du commencement du xiv° siècle, avec peintures.
(Italien 115. Acquis en 1855.)

141, 142, 143. Couvertures de trois registres de comptes de
la commune de Sienne, des années 1330, 1339 et 1345. —
Trois panneaux de bois, sur chacun desquels on a peint
l'image du camerlingue, les armes des quatre proviseurs et le
titre du compte. (Italien 1668-1670.)

144. Les Vies des hommes illustres de François Pétrarque.
Manuscrit du xiv° siècle, avec peintures, de la bibliothèque
des ducs de Milan. (Latin 6069. I.)

145. Abrégé de philosophie morale, dédié par « Lucas de
Mannellis » à « Brucius Vicecomitis. » Manuscrit du XIV°
siècle, de la bibliothèque des ducs de Milan ; l'encadrement du
frontispice renferme les vues des principales villes du Mila-
nais. (Latin 6467.)

146. Traduction de l'Iliade d'Homère, exécutée pour François Pétrarque, qui a tracé en tête du volume une note ainsi
conçue : « Domi scriptus, Patavi ceptus, Ticini perfectus, Me-
diolani illuminatus et ligatus anno 1369. » (Latin 7880.)

147. La première partie de la Divine Comédie de Dante.
Manuscrit du XIV° siècle, orné de peintures. (Italien 74.)

148. Lettres de Cicéron. Manuscrit copié à Milan en 1457.

Ce volume, qui a fait partie de la bibliothèque des ducs de Milan, a été transcrit pour Galéas-Marie Sforze. (Latin 8523.)

* Virgile, copié en 1458 ; voyez plus loin, article 207, armoire XIX.

* Heures de Ferdinand Ier, roi de Naples ; voyez plus loin, article 208, armoire XIX.

149. Dialogues de Platon, traduits par Léonard l'Arétin. Copie faite à Florence, en 1472, d'après le manuscrit original du traducteur, par « Gherardus Johannis del Ciriagio, » et offerte au cardinal Georges d'Amboise par Guillaume Briçonnet, évêque de Lodève. (Latin 6568.)

150. Poésies de Pétrarque, copiées à Florence, en 1475, par Antonio Sinibaldi. Manuscrit orné de peintures. (Italien 548.)

151. Commentaire de saint Jérôme sur les Psaumes. Manuscrit de l'année 1488, exécuté pour Mathias Corvin, roi de Hongrie. L'écriture est de la main de « Antonius Sinibaldus Florentinus ; » les peintures sont signées par Attavante. (Latin 16839. De la bibliothèque du duc de La Vallière.)

152. Défense de Platon, par Andreas Contrarius. Volume exécuté en 1471 pour Ferdinand 1er, roi de Naples. La copie est de Joanes Marcus, et les peintures de Niccola Rubicano. Dans les médaillons du frontispice, sont les portraits de Ferdinand et d'Alphonse le Magnanime. (Latin 12947. De la bibliothèque de Saint-Germain des Prés.)

Espagne.

153. Lois des Wisigoths. Écriture wisigothique, du viiie ou du ixe siècle. (Latin 4667.)

154. Livre de saint Ildefonse sur la sainte Vierge. Exemplaire copié par Gomès, moine de Saint-Martin d'Albelda, rapporté d'Espagne en 951, par Gotiscalc, évêque du Puy. (Latin 2855. De la bibliothèque du chapitre du Puy. Relié aux armes de Colbert.)

155. Livre liturgique de l'abbaye de Silos, intitulé « Liber comicum », et contenant les leçons des épitres et des évangiles. Manuscrit wisigothique, un peu antérieur à l'année 1067, date d'une charte qui rappelle les conditions auxquelles il fut donné à l'abbaye de Silos. (Nouv. acq. lat. 2171. Donné en 1878 par le Ministre de l'Instruction publique.)

156. Les Étymologies d'Isidore de Séville. Manuscrit wisigothique de l'abbaye de Silos, dont la copie fut achevée le 24 août 1072. Le nom du prêtre qui a copié ou fait copier ce volume se trouve répété un grand nombre de fois dans l'échiquier qui couvre le fol. 21 v°. Dans quelque sens qu'on prenne les lettres inscrites dans les cases de cet échiquier, on lit ces mots : « Ericoni presviteri memento. » (Nouv. acq. 2169. Donné en 1878 par le Ministre de l'instruction publique.)

* Bible de Saint-Pierre de Rosas. Voyez plus loin article 199, armoire XIX.

* Cartes catalanes de Charles V. Voyez plus haut, article 11, armoire X.

157. Chronique de Ptolémée de Lucques, achevée de copier le 22 janvier 1401, par l'Espagnol Antoine Sanche, pour le pape Benoît XIII. (Latin 5126. De la bibliothèque du collège de Foix, à Toulouse.)

* Généalogie de Sandoval. Voyez plus loin, article 287, vitrine XXXI.

Angleterre, Écosse et Irlande.

158. Pontifical de l'église de Scherbourne, connu sous le nom de Pontifical de saint Dunstan. Manuscrit de la fin du xe siècle, contenant quelques morceaux en anglo-saxon et orné de dessins au trait. (Latin 943. De la bibliothèque d'Antoine Faure.)

159. Pontifical d'Egbert, archevêque d'York. Écriture saxonne du xe ou du xie siècle. Il y a, entre les feuillets 157 et 158, une formule d'absolution en anglo-saxon. (Latin 10575. De la bibliothèque du chapitre d'Évreux.)

160. Bénédictionnaire anglo-saxon, du xie siècle. (Latin 987. De la bibliothèque de Colbert.)

***** Psautier anglo-saxon, du xie siècle. Voyez plus haut, article 16, armoire X.

***** Bréviaire ayant appartenu à Richard II, roi d'Angleterre. Voyez plus haut, article 6, armoire X.

161. Les Aphorismes d'Hippocrate, avec le commentaire de Galien. Traduction française commencée le 9 septembre 1362 par Martin de Saint-Gille; copie faite à Rouen, en 1429, pour Jean, duc de Bedford, par maître Jean Tourtier, chirurgien de ce prince. (Français 24246. De la bibliothèque de Notre-Dame de Paris.)

162. Pontifical de l'église de Saint-André en Écosse, de la première moitié du xiiie siècle. On y a ajouté la liste des églises qui furent dédiées depuis 1240 jusqu'en 1276 par les évêques David et Guillaume. (Latin 1218. De la bibliothèque du maréchal de Noailles.)

163. Extrait des œuvres de saint Grégoire par Tagius Samuel. Écriture irlandaise du ixe siècle. (Latin 9565.)

164. Collection de canons d'Irlande, avec des gloses celtiques interlinéaires qui sont peut-être d'origine armoricaine. xe siècle. (Latin 12021. De la bibliothèque de Corbie.)

Allemagne.

165. Traité d'Isidore contre les Juifs, avec l'ancienne version tudesque. Manuscrit du ixe siècle. (Latin 2326. De la bibliothèque de Colbert.)

166. Les quatre Évangiles, en écriture saxonne, que Westwood rapporte au viie ou à la première moitié du ixe siècle. A la fin est une souscription copiée sur un exemplaire plus ancien qu'on attribuait à saint Jérôme, et dont la date répond à l'année 558 de l'Incarnation. Ce volume avait été remarqué dans l'abbaye d'Epternach, en 1718, par dom Edmond Martène. (Latin 9389.)

* Graduel de l'abbaye de Prum. de la fin du xe siècle. Voyez plus loin, article 198, armoire XIX.

Pour d'autres manuscrits d'origine allemande, voyez les articles 198, 202, 203, 257, 274, 275, 284 et 293.

ARMOIRE XI

—

PALÉOGRAPHIE DE LA FRANCE, DEPUIS CHARLEMAGNE
JUSQU'A LA FIN DU MOYEN AGE.

167. Recueil de formules mérovingiennes, du viiie siècle, à
la fin duquel sont des morceaux en notes tironiennes et des
fragments d'offices farcis, avec double notation musicale, en
lettres et en neumes. Ces derniers fragments paraissent appar-
tenir au xie siècle. (Latin 10756. De la bibliothèque des frères Pithou. Acquis en 1844.)

168. Les quatre Évangiles, à l'usage de l'abbaye de Fécamp. Grosse écriture onciale pouvant remonter au viiie siècle.
(Latin 281. — De la bibliothèque de la famille Bigot.)

169. Psautier en lettres semi-onciales, de la fin du viiie
siècle. Les invocations qui suivent le psautier contiennent la
mention du pape Léon III et de Charles, roi des Francs et des
Lombards et patrice des Romains, ce qui correspond à la pé-
riode comprise entre les années 795 et 800. (Latin 13159. De
la bibliothèque de Harlay.)

170. Sacramentaire de l'église d'Angoulême du commencement du ixe siècle. (Latin 816. De la bibliothèque des frères
Dupuy.)

171. Polyptyque de l'abbé Irminon, contenant l'état des

biens de l'abbaye de Saint-Germain des Prés au commencement du IXe siècle. Document auquel les travaux de Benjamin
Guérard ont donné une grande célébrité. (Latin 12832.)

172. Second volume d'une grande Bible latine, exécutée en
822 ou environ, puisque, dans l'initiale de l'Ecclésiastique (fol.
11 v°) on lit la date : « Anno regnante domno Hludowicus
VIII. » (Latin 11505. De l'abbaye de Saint-Germain des Prés.)

173. Livre des quatre Évangiles, à l'usage de l'Église du
Mans. Écriture du IXe siècle. Au commencement et à la fin,
une main du XIe siècle a ajouté plusieurs morceaux d'office
notés en neumes ; à la même époque, le volume fut orné d'une
couverture précieuse, qui a disparu, mais dont le souvenir
nous a été conservé par une note ainsi conçue : « Hunc codi-
cem ornavit Gervasius auro, gemmis et emblematibus, tunc
Cinomannensis postea Remensis episcopus. » — A successivement appartenu à Nicolas Le Fèvre, qui l'acheta au Mans en
1582, à J.-A. de Thou et à Colbert. (Latin 261.)

174. Dictionnaire des notes tironiennes. Manuscrit du IXe siècle. (Latin 8779. De la bibliothèque des Frères Dupuy.)

175. Psautier en notes tironiennes, du IXe siècle. Il paraît
venir de l'abbaye de Saint-Faron de Meaux et a fait partie de la
bibliothèque de Saint-Germain-des-Prés. (Latin 13160.)

176. Histoire de Nithard et Annales de Flodoard. Manus-
crit de la fin du Xe siècle, qui vient de la bibliothèque de Petau.
Au fol. 13, sont les serments des fils de Louis le Débonnaire,
en 842 ; le serment de Louis le Germanique est le plus ancien
monument qui subsiste de la langue française. (Latin 9768.)

177. Graduel de l'église d'Arles, avec notation en neumes,
du XIe siècle. (Latin 780. De la bibliothèque de Colbert.)

178. Recueil de tropes et de divers offices notés en neumes, à l'usage de l'abbaye de Saint-Martial de Limoges. Manuscrit de la fin du xiᵉ ou du commencement du xiiᵉ siècle. (Latin 909.)

179. Traités de comput et de chronologie faits à l'abbaye de Saint-Germain des Prés. Le recueil comprend des annales écrites par diverses mains dans le cours du xiᵉ et du xiiᵉ siècle. (Latin 13013)

180. Dernier volume du manuscrit original de l'Histoire ecclésiastique d'Orderic Vital. Première moitié du xiiᵉ siècle. Volume de la bibliothèque de l'abbaye de Saint-Evroul, acquis par voie d'échange, en 1847, de la ville d'Alençon. (Latin 10913.)

181. Traité de saint Hilaire sur la Trinité. Manuscrit du xiiᵉ siècle, exécuté dans l'abbaye de Saint-Amand en Puelle. La grande initiale du fol. 3 vᵒ est l'œuvre du moine Savalon, qui l'a signée : « Savalo monacus me fecit. » (Latin 1699.)

182. Valère Maxime, copié à Provins, en 1167, par Guillaume l'Anglais, pour Henri, comte de Champagne. La souscription du copiste est imitée des formules de l'antiquité : « Titulus scriptoris : feliciter emendavi, descriptum Pruvini, jussu illustris comitis Henrici ; Willelmus Anglicus, anno incarnati Verbi MCLXVII, indictione XV. » (Latin 9688.)

183. Commentaire sur le Psautier, en français. Manuscrit, pouvant remonter à la fin du xiiᵉ siècle et qui a appartenu à Antoine Loisel et au chapitre de Notre-Dame de Paris. (Français 22892.)

184. Sermons de saint Bernard, en français. Manuscrit pouvant dater de la fin du xiiᵉ siècle. Il provient de la bibliothèque des Feuillants de Paris. (Français 24768.)

185. Fragments d'une Bible écrite et peinte à la fin du xiiᵉ siècle dans l'abbaye de Pontigny. (Latin 8823.)

186. Bible latine du xiiie siècle. A côté des peintures du frontispice, on remarque, en lettres d'or, cette signature de l'enlumineur : « Magister Alexander me fecit. » (Latin 11930. De la bibliothèque du chancelier Séguier.)

187. Album de Vilars de Honecort, architecte français du commencement du xiiie siècle. (Français 19093. De la bibliothèque de Saint-Germain des Prés.)

188. Les Prophéties de Jérémie et d'Ezéchiel, avec gloses marginales et interlinéaires, de la première moitié du xiiie siècle. Exemple d'un genre de livres dont les copistes parisiens ont exécuté d'innombrables exemplaires du temps de Philippe-Auguste et de saint Louis. Le volume exposé vient de l'ancienne bibliothèque de Sorbonne. (Latin 15224.)

189. Commentaires sur différents ouvrages d'Aristote. Manuscrit du xiiie siècle, choisi comme exemple des livres employés à cette époque dans les écoles de Paris. Il vient de l'ancienne bibliothèque de Sorbonne. (Latin 16149.)

190. Exemplaire original de la seconde rédaction de la Chronique de Guillaume de Nangis, écrit vers l'année 1300. (Latin 4918. De la bibliothèque de la famille Bigot, de Rouen.)

191. Procès des Templiers en 1309. Manuscrit original sur papier, qui avait été déposé au trésor de Notre-Dame de Paris, et qui, dans les temps modernes, a successivement appartenu au président Brisson, à l'avocat général Servin et au président de Harlay. (Latin 11796.)

192. Bible latine du commencement du xive siècle, copiée par Robert de Billyng, et dont les enlumineurs se sont fait connaître par une souscription microscopique, conçue en ces termes : « Jehan Pucelle, Anciau de Ceus, Jaquet Maci, il hont enluminé ce livre-ci. Ceste lingne de vermillon que vous vees

fu escrite en l'an de grace MCCC et XXVII, en un jueudi, darrenier jour d'avril, veille de mai, V° die. » En 1472, Louis XI donna cette Bible à Jehan Boucart, son confesseur. Au xvi° siècle, elle était dans la bibliothèque du château de Torigny en Basse Normandie, et au xvii° dans celle du chancelier Séguier. (Latin 11935.)

193. « Les justes et loyauz procès faits par le roi, en sa noble court dehuement garnie, contre Robert d'Artois, jadis chevalier, conte de Biaumont. » Manuscrit original de l'année 1331 ou environ. — Le frontispice représente la cour du roi garnie des pairs. (Latin 18437. De la bibliothèque du président de Harlay.)

194. Office de sainte Clotilde, avec notation musicale, du xive siècle. (Latin 917. De la librairie de Blois.)

195. Second volume d'une Bible copiée au commencement du xve siècle pour le pape Benoît XIII. — Ce manuscrit passa, en 1680, de la bibliothèque du collège de Foix, à Toulouse, dans celle de Colbert. (Latin 87.)

196. Procès de condamnation et procès de justification de Jeanne d'Arc. Exemplaire du xve et du xvie siècle, ayant fait partie de la bibliothèque de Claude d'Urfé. (Latin 8838.)

ARMOIRE XIX.

—

PEINTURES DES MANUSCRITS (1).

197. Commentaires d'Haimon sur Ezéchiel. Volume orné de peintures, qui fut offert à l'abbaye de Saint-Germain des Prés par un moine nommé Heldric, à la fin du xe ou au commencement du xie siècle. (Latin 12302.)

198. Graduel de l'abbaye de Prum, noté en neumes et orné de peintures, de la fin du xe siècle. Il a été exécuté du temps des abbés Hildéric et Étienne, morts, le premier en 993, et le second en 1001. (Latin 9448.)

199. Troisième volume d'une grande Bible écrite au xie siècle, probablement dans le nord de l'Espagne, et ornée de dessins au trait. Au xiie siècle, cette Bible appartenait à l'abbaye de Saint-Pierre de Rosas, en Catalogne. (Latin 6. De la bibliothèque du maréchal de Noailles.)

200. Évangiles des principales fêtes de l'année. Grosse écriture du xie siècle, probablement des provinces rhénanes, avec de nombreuses peintures remplissant des pages entières. (Latin 17325. De la bibliothèque du duc de La Vallière.)

(1) Il y a encore des manuscrits ornés de peintures dans les armoires X, XI, XII, XV, XVII et XX.

201 Evangéliaire latin du xiie siècle, avec peintures byzantines tout à fait semblables à celles des manuscrits grecs. (Latin 276. Donné par Le Tellier, archevêque de Reims.)

202. Psautier avec peintures, de la fin du xiie siècle, paraissant avoir été fait dans la province de Cologne. (Latin 17961. De la bibliothèque de l'Oratoire.)

203. Psautier, avec peintures, du commencement du xiiie siècle, qui paraît avoir été fait dans la province de Cambrai, ou dans celle de Cologne. (Latin 238. De la bibliothèque de Colbert.)

204. Emblèmes bibliques. Manuscrit exécuté en France, au xiie siècle, et dont chaque page est ornée de huit médaillons renfermant des peintures. (Latin 11560. De la bibliothèque du chancelier Séguier.)

205. Vie de saint Louis, par le confesseur de la reine Marguerite. Volume écrit au xive siècle, orné de beaucoup de peintures et ayant fait partie de la librairie de Charles V. (Français 5716.)

206. Psautier latin-français, de la fin du xive siècle, dont les peintures du commencement sont l'œuvre d'André Beauneveu. De la bibliothèque de Jean, duc de Berry. (Français 13091.)

207. Virgile, avec les commentaires de Servius, exécuté en 1458, par Leonardo Sanuto, vice-seigneur de Ferrare pour la seigneurie de Venise. Volume orné de peintures, ayant appartenu à Petau. (Latin 7939 A.)

208. Heures de Ferdinand Ier, roi de Naples, de l'année 1458 à l'année 1494. (Latin 10532. Acquis en 1828.)

209. Heures du xve siècle, avec peintures. Sur le fol. 26 vo se voient deux grandes bannières, l'une d'or plein, l'autre de gueules à sept macles d'or posées 3. 3. 1. (Latin 9471. De la maison professe des Jésuites de Paris.)

210. Les Cérémonies du sacre du pape, de l'empereur et du roi de France, en français, avec peintures, du xv° siècle. (N° 365 de la collection des frères Dupuy.)

211. Les Cérémonies et ordonnances qui se appartiennent à gage de bataille. Manuscrit du xv° siècle. Les armes de Bretagne sont dans la première grande initiale. Reliure aux armes du comte de Béthune. (Français 2258.)

212. La Cité de Dieu de saint Augustin, en français, avec grandes peintures, aux armes des Malet de Graville. Ce volume est daté de l'année 1469. (Français 18.)

213. Traduction de Tite Live, par Pierre Bressuire. Copie de la seconde moitié du xv° siècle, avec grandes peintures, aux armes et au chiffre de François de Rochechouart et de Blanche d'Aumont. (Français 20071.)

214. Le Livre des Tournois du bon roi René. Exemplaire avec peintures, du xv° siècle, offert à Charles VIII, par le sire de La Gruthuyse. (Français 2692.)

215. Le Livre des Tournois du bon roi René. Exemplaire avec peintures, du xv° siècle, qui a appartenu à Roger de Gaignières. (Français 2693.)

216. Le Séjour d'honneur, dédié à Charles VIII, par Octovien de Saint-Gelais. Manuscrit original. (Français 12783.)

217. La Cosmographie de Ptolémée. Manuscrit italien du xv° siècle, avec cartes peintes, dont la dernière porte cette inscription : « Ex officina Bernardi Ebolite in anno 1490. » (Latin 10794.)

218. Les Épitres d'Ovide, traduites par Octovien de Saint-Gelais. Exemplaire du roi Louis XII, sur les marges duquel sont peintes des L. des ailes d'oiseau et des ailes de moulin à vent. (Français 873.)

219. Chants royaux du Puy de Rouen, de 1519 jusqu'en 1528. Manuscrit orné de peintures, ayant appartenu au cardinal Mazarin. (Français 1537.)

220. Livre d'Heures, orné de grisailles et daté de l'année 1531. (Latin 10563.)

221. La Passion et Résurrection de Notre Sauveur et Rédempteur Jésus-Christ, ainsi qu'elle fut jouée en Valenciennes, en l'an 1547. Manuscrit orné de peintures exécutées par Hubert Cailleau. (Français 12536. Acquis en 1855.)

ARMOIRE XX.

—

MANUSCRITS DES ROIS ET DES REINES DE FRANCE.

222. Evangéliaire de Charlemagne, écrit sur parchemin pourpré, en lettres onciales d'or. Il a été exécuté, en l'année 781,
par Godesscale. Conservé jusqu'à la Révolution dans l'abbaye de
Saint-Sernin de Toulouse ; donné par la ville de Toulouse à
Napoléon Ier ; déposé successivement à la bibliothèque du Louvre
et au Musée des Souverains ; attribué en 1872 à la Bibliothèque
Nationale. (Nouv. acq. lat. 1993.)

223. Les Quatre évangiles, en lettres onciales du commencement du ix° siècle ; volume que Louis le Débonnaire donna
en 827, à l'abbaye de Saint-Médard de Soissons, d'où il fut
envoyé à la Bibliothèque en 1790. (Latin 8850.)

224. Livre des Quatre évangiles, donné à l'église de Saint-
Martin de Metz (ou Saint-Martin de Tours, suivant quelques
critiques), par l'empereur Lothaire, dont l'image est peinte au
commencement du volume. L'abbé qui dirigea l'exécution de
ce manuscrit, vers le milieu du ix° siècle, s'appelait Sigilaus :

> Sed Sigilaus, parens jussis regis, studiose
> Hoc Evangelium illic totum scribere jussit.

Volume ayant fait partie de la librairie de Blois. (Latin 266.)

225. Bible latine, offerte à Charles le Chauve par Vivien, abbé de Saint-Martin de Tours, et qui, après avoir été longtemps conservée au trésor de la cathédrale de Metz, fut offerte à Colbert, en 1675, par le chapitre de cette église. Les bénédictins ont supposé que cette Bible a pu être faite à Saint-Martin de Tours, par les soins d'Alcuin, pour Charlemagne, et que la présentation à Charlemagne n'ayant pas eu lieu, le livre fut offert à Charles le Chauve par l'abbé Vivien. La ressemblance de cette Bible avec le manuscrit du Musée britannique, attribué à Alcuin, donne quelque vraisemblance à la conjecture des Bénédictins. (Latin 1.)

226. Bible écrite pour Charles le Chauve, et qui a été conservée dans le trésor de l'abbaye de Saint-Denis, d'où elle est passée, le 23 octobre 1595, dans la bibliothèque du roi, en vertu d'un arrêt du parlement. Reliure aux armes et au chiffre de Henri IV. (Latin 2.)

* Psautier de Charles le Chauve. Voyez plus loin, article 267, vitrine XXX.

227. Bible de Blanche de Castille, reine de France, qui la donna à l'abbaye de Saint-Victor de Paris. Manuscrit de la première moitié du xiii° siècle. (Latin 14397.)

228. Psautier de saint Louis, copié et peint après le retour de la première croisade. En tête (fol. A V°) on lit cette note : « Cest Psaultier fu saint Loys, et le donna la royne Jehanne d'Evreux au roy Charles filz du roi Jehan, l'an de nostre Seigneur mil troys cens soissante et nuef, et le roy Charles present, filz du dit roi Charles, le donna à madame Marie de France, sa fille, religieuse à Poyssi, le jour Saint Michel, l'an mil IIII° . » (Latin 10525.)

* Nouveau Testament donné à saint Louis, par Michel Paléologue. Voyez plus haut, article 94, armoire XVII.

229. Petite Bible de saint Louis. Elle a appartenu à Jean, duc de Berry, dont le bibliothécaire. Flamel, a tracé ces mots sur le dernier feuillet de garde : « Ceste Bible fut à monseigneur saint Loys jadiz roy de France. » (Latin 10426.)

230. Second volume de la Bible de Philippe le Bel. Il a appartenu à Jean, duc de Berry, et a fait partie de la bibliothèque de Colbert. (Latin 248.)

231. Premier volume d'une compilation sur la vie de saint Denis et sur l'histoire des rois de France, que Gilles de Pontoise, abbé de Saint-Denis, présenta à Philippe le Long. Cet ouvrage était dans l'ancienne librairie du Louvre ; il a été donné à la Bibliothèque par le comte de Béthune. (Français 2090.)

232. La Bible en images. Travail italien du commencement du xiiie siècle. Le volume paraît avoir appartenu à la reine Jeanne d'Évreux, femme de Charles le Bel, puis au roi Charles V. (Français 9561.)

Différents livres des rois Jean, Charles V et Charles VI sont dans l'armoire X. Voyez plus haut, article 2 et suivants.

233. Le livre de Salomon, présenté au roi Charles VI. Volume du commencement du xve siècle, qui a fait partie de la bibliothèque du duc de La Vallière. (Français 23279.)

234. Armorial d'Auvergne, de Bourbonnais, de Forez, etc., dédié à Charles VII par le hérault Guillaume Revel. Il contient les vues d'un certain nombre de villes et de châteaux. (Français 22297. Donné à la Bibliothèque par Roger de Gaignières.)

235. Armorial général de Gilles le Bouvier, dit Berry, premier hérault de Charles VII. Les derniers feuillets de ce volume sont formés des images xylographiques des neuf preux, avec légendes françaises. Voyez l'article 24* de la notice de l'exposition des livres imprimés. (Français 4985.)

236. Bible latine copiée pour Louis XI, par les soins de Jean Prevost, notaire. (Latin 25.)

* Autre bible latine ayant appartenu à Louis XI. Voyez plus haut, n° 192.

237. Les Vigiles de Charles VII, par Marcial de Paris. Exemplaire exécuté pour Charles VIII. (Français 5054.)

238. La Couronne du roi Charles VIII. Exemplaire original, avec la couverture primitive en cuir doré, sur les plats de laquelle sont peintes les armes de France et celles de Jérusalem (Français 5080.)

239. La Cyropédie de Xénophon, traduite en français par Claude de Seyssel. Exemplaire présenté par le traducteur à Louis XII. (Français 702.)

240. Poëme latin de Publius Faustus Andrelinus en l'honneur de Louis XII. Exemplaire présenté au roi et couvert de sa reliure primitive. (Latin 839.

241. Commémoration et avertissement de la mort de la reine Anne de Bretagne, par le hérault Bretaigne. Exemplaire exécuté pour Louise de Savoie. (Français 5094.)

242. Le livre des claires et nobles femmes, par Jean Boccace, traduit en français. Exemplaire copié et peint pour Louise de Savoie. (Français 599.)

* Couverture de livre brodée pour Louise de Savoie. Voyez plus loin, article 291, vitrine XXXI.

243. Livre des quatre Évangiles, de la seconde moitié du IXe siècle, dont plusieurs grandes initiales rappellent celles de la seconde bible de Charles le Chauve et dans lequel les paroles de Jésus-Christ sont tracées en lettres d'or. Ce livre, qu'on a parfois improprement nommé les Évangiles de François II, a été relié vers l'année 1538, par Étienne Roffect, dit Le Faulcheur, libraire et relieur ordinaire du roi; une pièce de comptabilité le désigne en ces termes : « Ung evangelier, relié et doré par icelluy Le Faucheux, écript de lettres d'or et d'ancre. » (Latin 257.)

244. Grammaire française, par Osvald Stocker. Ouvrage dédié à Henri II. Sur les plats sont peintes les armes des cantons suisses. Une inscription rappelle les traités conclus entre la Suisse et les rois François Ier et Henri II. (Latin 7556.)

245. La Vie d'Annibal. Manuscrit sur vélin, copié et relié pour Henri II. (Français 2119.)

246. Copie du livre de Gaston Phébus sur la chasse. Reliure au chiffre de François II. (Français 1290.)

247. Heures de Marie Stuart. Volume donné en 1724 par le supérieur vicaire général de l'ordre de Cluny. (Latin 1405.)

248. Les Amours de Philippe Desportes. Reliure au chiffre de Charles IX. (Français 868. De la bibliothèque de Colbert.)

249. Armorial de l'ordre du Saint-Esprit, composé sous le règne de Henri III par Martin Courtigier, sieur de La Fontaine, hérault d'armes du roi. (Français 8203.)

250. Les Dévots élancemens du poëte chrestien. Étrennes présentées à Henri IV en 1600, par Alphonse de Ramberviller. (Français 25423.)

251. Les Campagnes de Louis XIV. Volume se rapportant à l'année 1676. (Français 7892.)

252. Les Oracles de la sibile françoise sur les heureux succès des armes de Sa Majesté Louis le Grand dans les années 1676, 1677 et 1679. Volume présenté à Louis XIV par Guillin. Venu du cabinet du roi à Versailles. (Français 2792.)

253. Heures de Louis le Grand faites dans l'hôtel royal des Invalides. 1693. (Latin 9477.)

254. Devises pour les tapisseries du roy [Louis XIV], où sont représentez les quatre éléments et les quatre saisons de l'année. Venu du cabinet du roi à Versailles. (Français 7819.)

* Reliure en écaille, avec incrustations, au chiffre de Louis XIV. Voyez plus loin, article 286, vitrine XXXI.

255. Généalogie ascendante de la reine Marie-Antoinette, réduite en 500 tables de seize quartiers, par H. C. d'Ammon. Manuscrit original relié aux armes de la reine. (Volume 88 du Cabinet des titres.)

255 *bis*. Plan de la ville, de la rade et des environs de Cherbourg, par Louis XVI. (A l'exposition de la section géographique, dans la vitrine XIV de la Galerie Mazarine.)

VITRINE XXXI

Côté le plus rapproché des fenêtres.

— —

RELIURES DU MOYEN AGE AVEC ORNEMENTS D'ORFÊVRERIE.

256. Évangiles des principales fêtes de l'année, à l'usage de la Sainte-Chapelle. Volume du temps de saint Louis, qu'un inventaire de l'année 1480 décrit ainsi : « Unus textus evangeliorum, in quo non sunt omnia evangelia, incipiens in secundo folio scripture *mo et familia*, et in ultimo folio *tur beati*, in uno latere cujus est reppresentacio resurrectionis, et de alio latere sunt unus crucifixus, beata Maria et sanctus Johannes et duo angeli in parte superiori crucis, et est dictus liber munitus in circuitu pluribus esmailliis de neeslura, sine firmatoriis. » La couverture est du temps de saint Louis; la bordure seule paraît avoir été refaite au xvie siècle. (Latin 8892. Entré à la Bibliothèque le 9 mai 1791.)

257. Le livre des quatre Évangiles, copié en lettres d'or au commencement du xie siècle, probablement entre les années 1002 et 1014, dans une église soumise à l'Empire. Ce beau volume, que Charles V donna à la Sainte-Chapelle en 1379, y était connu sous le nom l'*Apocalice*. L'un des plats, qui paraît avoir été exécuté au xive siècle, représente Jésus en croix, et a conservé une partie des perles et des pierres dont il était orné et dont nous avons le détail

dans un inventaire de l'année 1480. L'autre plat offre l'image de saint Jean, gravée d'après celle qui est peinte à l'intérieur du volume, au folio 115 v°. L'exécution du second plat date du règne de Charles V ; la donation du roi y est rappelée par une inscription ainsi conçue : « Ce livre bailla à la Sainte-Chapele du palais Charles le V° de ce nom, roi de France, qui fu filz du roi Jehan, l'an mil troiz cens LXXIX. » (Latin 8851.)

258. Évangiles des messes de l'année à l'usage de la Sainte-Chapelle. Volume écrit du temps de saint Louis, et dont la couverture est un peu plus récente. Il est ainsi décrit dans un inventaire de l'année 1480 : « Unus textus evangeliorum, incipiens in secundo folio scripture *fructum bonum*, et in ultimo folio *dacione*, argento deaurato munitus, in uno latere cujus est unus crucifixus, beata Maria et sanctus Johannes, et de alio latere Deus in suo judicio et quatuor evangeliste in circuitu ejus, et sub pede crucifixi predicti est una amatista gravata in factione capitis hominis, et est dictus liber munitus in toto circuitu de quolibet latere pluribus grenatis et tuppis de saphiris, de quibus defficiunt plures, cum suis cathonibus et sine cathonibus ; et sub eciam pedibus ymaginis Dei in judicio sedentis est unus grossus lapis viridis de vittro ; et etiam defficit de uno latere in circuitu bordature una parva rouella in faccione triffollii ; et est dictus textus sine firmatoriis. » Cette description est encore exacte ; toutefois, les bordures ont été refaites, et l'améthiste qui était au pied de la croix a été transférée en 1834 au département des médailles et antiques ; elle a été remplacée par un fac-simile en verre. (Latin 9455.)

259. Évangiles des différentes messes de l'année, à l'usage de la Sainte-Chapelle, du temps de saint Louis. Un inventaire de l'année 1573 le mentionne en ces termes : « Un très beau texte d'Évangiles, ou livre couvert d'une couverture d'or, duquel deffaillent les fermoers, et en l'ung des costés de la dicte couverture y a ung crucifix de bosse, ung ymage de Notre-

Dame, ung sainct Jehan l'Évangeliste et deux angelz de demie bosse. » Un inventaire de l'année 1480 énumère les perles et les pierres qui ornaient la couverture et dont plusieurs subsistent encore aujourd'hui. Cette couverture paraît dater de la même époque que le manuscrit lui-même, c'est-à-dire du temps de saint Louis. (Latin 17326.)

260. Les quatre Évangiles, à l'usage de l'église de Saint-Denis, en lettres d'argent sur parchemin pourpré, du ixe siècle. Les plats du volume sont recouverts, l'un d'une plaque de cuivre du xiiie siècle, sur laquelle sont représentés deux évangélistes; l'autre d'un ivoire byzantin, représentant Notre Seigneur, avec un cadre de cuivre, du xive siècle, dans lequel sont enchâssés des émaux, des pierres grossièrement gravées et des verroteries. (Latin 9387.)

261. Missel de l'abbaye de Saint-Denis, avec notation musicale en neumes. Écriture du xie siècle. Le premier plat de la reliure était orné d'une représentation du crucifiement, dont il ne reste que les petites statuettes de la sainte Vierge et de saint Jean, en ivoire; tout autour, sur des bandes de métal repoussé, se voient les bustes de plusieurs patriarches et prophètes, les symboles des évangélistes et deux grands séraphins; la plupart des figures sont accompagnées d'inscriptions; les bandes de métal sont bordées de perles et de pierres. L'ensemble de cette décoration doit remonter au xie ou xiie siècle. L'autre plat, refait à une époque moderne, est recouvert d'une plaque de cuivre du xve siècle, sur laquelle est gravée l'image d'un martyr en pied. (Latin 9436.)

VITRINE XXX

Côté le plus rapproché des fenêtres.

—

RELIURES DU MOYEN AGE AVEC IVOIRES ET ORNEMENTS D'ORFÈVRERIE.

262. Diptyque consulaire de l'année 517. Les deux feuilles de ce diptyque, sur lesquelles sont représentés les jeux du cirque, ont été, au moyen âge, employées à couvrir le catalogue des archevêques de Bourges. Sur le revers des plaques d'ivoire plusieurs mains du XIIe et du XIIIe siècle ont aussi inscrit les noms des archevêques, avec la durée du pontificat de chacun d'eux. (Latin 9861.)

263. Les quatre Évangiles, en lettres onciales d'argent, sur parchemin pourpré, du IXe siècle. Les plats du volume sont formés de plaques d'ivoire très anciennes, peut-être du Ve siècle, sur lesquelles sont sculptées des scènes de l'Évangile. Ce manuscrit vient de l'église de Saint-Lupicin (Jura, arrondissement et canton de Saint-Claude), où il était connu sous le titre de l'Apocalypse de Saint-Lupicin. Le conseil municipal de Lauçone l'envoya à la Bibliothèque le 21 août 1794. (Latin 9384.)

264. Ornements en bronze, provenant de l'ancienne reliure d'un évangéliaire grec du XIIe siècle (n° 88 du fonds grec). Ces ornements ne datent peut-être que du XIVe siècle.

265. Le livre des quatre Évangiles, attribué, mais sans raison, à Charles le Chauve. Manuscrit de la fin du ixe siècle, orné de deux ivoires du xie siècle, représentant Notre Seigneur et la sainte Vierge. (Latin 323. De la bibliothèque du maréchal de Noailles.)

266. Les quatre Évangiles, à l'usage de l'église de Metz. Manuscrit sur parchemin pourpré, en capitales d'or, probablement de la fin du viiie siècle ou du ixe. Couverture formée d'une plaque d'ivoire représentant le crucifiement ; l'ivoire est encadré d'une bordure de pierres, de perles et d'émaux cloisonnés orientaux ; en haut et en bas, sur deux petites lames d'or, en capitales allongées, on lit ces deux vers :

IN CRVCE RESTITVIT CHRISTVS, PIA VICTIMA FACTVS,
QVOD MALA FRAUS TVLERAT, SERPENTIS PREDA FEROCIS.

Cette couverture paraît être de l'époque carlovingienne. (Latin 9383. Envoyé à la Bibliothèque en 1802.)

267. Psautier de Charles le Chauve, exécuté par Liuthard, du vivant de la reine Hermentrude, entre les années 842 et 869. Onciales d'or avec peintures. Les sujets représentés sur les ivoires de la couverture sont l'âme de David protégée par le Tout-Puissant (psaume lvi), et le dialogue du roi David avec le prophète Nathan (livre II des Rois). Volume donné à Colbert par les chanoines de Metz en 1674. A côté du manuscrit est un coffret recouvert de maroquin rouge, aux armes et au chiffre de Colbert. (Latin 1152.)

268. Les quatre Évangiles, à l'usage de l'église de Metz. Volume orné de lettres peintes, qu'on a parfois attribué à Louis le Débonnaire, mais qui n'est sans doute pas antérieur au xe siècle. — Ivoire carlovingien, sur lequel ont été sculptées à jour plusieurs scènes de la Passion, avec une bordure romane de filigranes, de perles, de pierres et de verroterie. (Latin 9388. Envoyé de Metz à la Bibliothèque, en 1802.)

269. Évangiles des messes de l'année, à l'usage de l'abbaye de Poussay, au diocèse de Toul. Manuscrit du xıe siècle. L'un des plats de la couverture est orné d'un ivoire byzantin, représentant la sainte Vierge ; de plaques de vermeil, sur lesquelles on a figuré Notre Seigneur, saint André, saint Pierre et sainte Manne ; de perles, d'émaux et de verroteries. L'autre plat est recouvert d'une lame d'argent, sur laquelle a été tracée l'image de Jésus-Christ tenant la croix et un globe. (Latin 10514. Cédé en 1844 par la ville de Mirecourt.)

270. Sacramentaire de l'église de Metz, qui paraît avoir été exécuté sous le pontificat de l'évêque Drogon, entre les années 826 et 855. Chacun des plats est orné d'un cadre d'argent, dans lequel sont disposés neuf petits carrés d'ivoire, hauts de 6 centimètres et larges de 5 ; cette suite de dix-huit tableaux, dont l'exécution peut dater du xıı^e siècle, représente différentes scènes de la vie d'un prélat. Ce n'était pas la couverture primitive du Sacramentaire, couverture à laquelle se rapporte une note écrite au xı^e siècle, sur le fol. 129 du manuscrit, et ainsi conçue : « Desunt petræ LXVIIII, seraculum I. » (Latin 9428. Envoyé de Metz à la Bibliothèque en 1802.)

271. Les quatre Évangiles, à l'usage de l'église de Metz. Manuscrit du xı^e siècle. L'un des plats est recouvert d'une lame de cuivre, du xııı^e siècle ; sur l'autre, ivoire byzantin, représentant le crucifix, avec bordure d'argent, du xıv^e ou du xve siècle, dont le principal motif est la fleur de lis ; à cette bordure sont fixés quatre émaux rhénans du xıı^e ou du xııı^e siècle, avec quatre gros cristaux ovoïdes. (Latin 9391. Envoyé de Metz à la Bibliothèque en 1802.)]

272. Les quatre Évangiles, à l'usage de l'église de Saint-Sauveur de Metz. Écriture du xı^e siècle. — Ivoire roman, représentant Jésus-Christ en croix, et la Sainte Vierge avec l'enfant Jésus. (Latin 10438. Envoyé de Metz à la Bibliothèque en 1802.)

273. Évangiles pour les différentes messes de l'année. Manuscrit du xı^e siècle, provenu d'une église dans laquelle on célébrait la fête de saint Menne vers la mi-octobre. Le premier plat de la reliure est recouvert d'un ivoire carlovingien, représentant le crucifiement, et encadré dans une bordure romane d'orfèvrerie, avec des perles, des pierres et des verroteries; l'autre plat est recouvert d'une plaque de métal, taillée à jour, du xııı^e siècle, sur laquelle on voit Jésus-Christ bénissant, avec les emblèmes des quatre évangélistes dans la bordure. (Latin 9453.)

274. Sacramentaire écrit au xı^e siècle, probablement pour une église de Cologne. — Ivoire byzantin, représentant la sainte Vierge et l'enfant Jésus. (Latin 817. Donné à la Bibliothèque en 1703 par J.-G. Sparwenfeld.)

VITRINE XXX.

Côté le plus éloigné des fenêtres.

—

RELIURES AVEC IVOIRES, ORNEMENTS DE BRONZE, CHAINES, ETC.

275. Epitres des différentes messes de l'année, probablement à l'usage d'une église du diocèse de Cologne. Manuscrit du xɪᵉ siècle. Reliure en bois, dont le premier plat est recouvert d'une plaque d'ivoire du xɪᵉ ou du xɪɪᵉ siècle : le milieu est occupé par trois rosaces ; le cadre se compose de seize médaillons, dans chacun desquels est le buste d'un prophète. (Latin 9454. Donné à la Bibliothèque en 1794, par J. G. C. A. Hupsch de Lontzen.)

276. Les quatre Évangiles, à l'usage de l'église de Metz. Écriture du xɪᵉ siècle. Ivoire carlovingien, sur lequel sont sculptées à jour trois scènes du Nouveau Testament. (Latin 9393. Envoyé de Metz à la Bibliothèque en 1802.)

277. Livre des quatre Évangiles, à l'usage de l'église de Metz. Écriture du xᵉ siècle. Ivoire carlovingien, représentant des scènes de la vie de Jésus-Christ ; la garniture est un travail de la seconde moitié du xvɪᵉ siècle. (Latin 9390. Envoyé de Metz à la Bibliothèque en 1802.)

278. Évangiles des messes de l'année, à l'usage de l'église de Saint-Sauveur de Metz. Manuscrit de la fin du xɪɪɪᵉ siècle couvert d'une plaque de cuivre du xive siècle, sur laquelle le crucifiement est gravé au trait. (Latin 9456. Envoyé de Metz, en 1802, à la Bibliothèque.)

279. Bible latine du xiiie siècle. Le second plat de la couverture est garni d'une plaque et d'une bordure d'orfèvrerie, de la première moitié du xvie siècle. Fermoirs émaillés. (Latin 10431.)

280. Épîtres et Évangiles à l'usage de l'église paroissiale de Saint-Barthélemi de Paris. Volume daté de l'année 1762 et recouvert de deux plaques de métal, représentant l'une le crúcifix, l'autre saint Barthélemi et sainte Catherine. Ces plaques sont du xviie siècle. (Latin 9462.)

281. Missel des grandes fêtes, exécuté au xvie siècle. Reliure en velours rouge, avec application de reliefs en cuivre du xviie siècle représentant le crucifix et la sainte Vierge. Coins en cuivre du xvie siècle. Ce livre doit avoir été fait pour François II de Dinteville, évêque d'Auxerre, depuis 1533 jusqu'en 1554. (Latin 9446.)

282. Homélies de saint Augustin sur l'Évangile de saint Jean. Manuscrit du xiie siècle; reliure originale avec gros bouillons et fermoirs de cuivre du xiie siècle. (Latin 1967.)

283. Cartulaire de l'abbaye de Saint-Wandrille, rédigé au xve siècle. Il a conservé les coins de bronze de la reliure originale. (Latin 17132. Acquis en 1867.)

284. Recueil de traités théologiques, parmi lesquels on remarque le premier livre de l'Imitation. Manuscrit du xve siècle, sur papier, provenu du couvent de Ochsenhausen. Il a conservé la chaîne et l'anneau qui servaient à l'enchaîner dans la bibliothèque du couvent, ainsi que les coins en bronze de la reliure primitive. (Nouv. acq. lat. 226. Acquis en 1878.)

285 Bréviaire écrit en Italie ou dans le midi de la France, à la fin du xiiie siècle, probablement vers l'année 1284. Il est disposé et relié de façon à être suspendu par un anneau à la ceinture du possesseur. (Latin 10479.)

VITRINE XXXI

Côté le plus éloigné des fenêtres.

—

RELIURES DIVERSES

286. Histoire de Louis le Grand, contenue dans les rapports qui se trouvent entre ses actions et les qualités et vertus des fleurs et des plantes. Par Devizé. Volume daté de l'année 1688 et relié en écaille avec incrustations de cuivre. (Français 699 5.)

287. Généalogie de la maison de Sandoval, par don Melchior de Tèves. Volume copié en 1612 à Lisbonne, par Ed. Caldeira. Reliure ornée d'émaux. (Espagnol 31.)

288. Documents sur les croisades, sur diverses campagnes et sur des levées de subsides, au xiiie et au xive siècle. Copie faite vers la fin du xve siècle, pour l'amiral Louis Malet de Graville, avec une reliure du xvie siècle, dont les ornements en cuivre représentent les armes et le chiffre de Claude d'Urfé. (Français 20853.)

289. Les quatre Évangiles, à l'usage de l'église de Metz. Écriture onciale du ixe siècle. Sur la couverture, en velours bleu, appliques de cuivre, représentant le martyre de saint Étienne, de la fin du xvie siècle. (Latin 8849. Envoyé de Metz à la Bibliothèque en 1802.)

290. Livres IV, V et VI de la Boscachardine, c'est-à-dire de la chronique que Jean de Courcy, seigneur de Bourg-Achard, en Normandie, termina en 1422. Copie du xve siècle, ornée de peintures et reliée aux armes, au chiffre et aux attributs de Diane de Poitiers, avec des H couronnés. (Français 15459. De la bibliothèque du chancelier Séguier.)

291. Les Gestes de Blanche de Castille, reine de France : livre dédié à Louise de Savoie par Estienne Le Blanc. Couverture en soie noire, avec broderie représentant une chasse et la présentation du livre à Louise de Savoie. (Français 5715.)

292. Petit recueil de prières, de la fin du xve siècle. Sur les plats intérieurs de la reliure sont des portraits (sans doute ceux des possesseurs du livre) ; à l'extérieur les plats sont recouverts d'une tapisserie. (Latin 1190. Donné par Roger de Gaignières.)

293. Livre d'heures, probablement à l'usage d'une religieuse allemande. Commencement du xiiie siècle. Les feuillets de ce volume affectent une forme circulaire. (Latin 10526.)

294. Livre d'heures suivant l'usage de Metz, écrit au xve siècle. La reliure, en velours violet, avec des E couronnés et cantonnés de fleurs de lis, doit être du xvie siècle et ne paraît convenir qu'à une reine de France, sans doute Éléonore d'Autriche, seconde femme de François Ier. (Latin 10533.)

295. Opuscules de saint Augustin ; volume copié au xve siècle, orné de peintures et recouvert de velours bleu avec bordure en argent. (Latin 9545. Envoyé de Metz à la Bibliothèque en 1802.)

296. Traités d'Albert le Grand sur l'histoire naturelle des animaux. Manuscrit italien du xvᵉ siècle. Reliure orginale dont les plats sont recouverts d'un tissu de soie rouge et d'or, (Latin 6520.)

297. Missel romain, à l'usage de Martin de Beaune, archevêque de Tours, depuis 1520 jusqu'en 1527. Reliure à compartiments du xvıᵉ siècle, avec chiffre formé des lettres N et F. (Latin 886. Acquis en 1736 à la vente des livres de M. de Coislin, évêque de Metz.)

VITRINE XVIII.

—

298. Lettre d'un habitant de La Rochelle à la reine Blanche, en 1241, pour l'avertir des complots tramés contre l'autorité du roi en Aquitaine.

299. Lettre de Jean, sire de Joinville, au roi Louis X, en 1315. Sur papier.

300. Acte du 2 juillet 1338, relatif à des armes et à des munitions délivrées par le garde du Clos des Galées (arsenal maritime) de Rouen. Il y est question de salpêtre et de soufre vif pour faire poudre pour traire des garros à feu; c'est l'une des premières mentions qu'on ait rencontrées de l'usage de la poudre à canon.

301. Lettre du roi Jean, datée de Londres, le 19 juillet 1357 ou 1358, avec la signature autographe du roi.

302. Lettre du roi Charles V, pour Henri de Colombières, chevalier normand .4 décembre 1364. Signature et post-scriptum autographe du roi.

303. Quittance de Bertran Du Guesclin, datée de Pontorson, le 23 novembre 1374, avec signature autographe.

304. Quittance d'Agnès Sorel, du 18 avril 1448, avec signature autographe.

14

305. Acte de mariage d'un bourgeois de Lyon, en 1486.

306. Quittance du 1er février 1561, avec signature autographe de Bernard Palissy.

307. Lettre du chancelier Michel de l'Ospital à sa fille, du 25 août 1572.

VITRINE XVI.

AUTOGRAPHES ET PIÈCES DIVERSES, DU XVIᵉ AU XVIIIᵉ SIÈCLE.

308. Lettre de Marie Stuart, datée de Lislebourc, le 26 octobre.

309. Lettre de Jeanne d'Albret à M. de La Force.

310. Lettre du maréchal de Biron à Henri IV, du 26 mai 1595.

311. Lettre de Cujas à Pithou, du 17 avril 1566.

312. Lettre de Juste Lipse à Jacques Auguste de Thou, du 27 août 1602.

313. Calendrier runique, sur petites tablettes de bois. Donné en 1878 par le R. P. Cahier.

314. Actes du Kamschatka, sur écorce de bouleau. Don du capitaine Dupetit-Thouars.

VITRINE XXXII

Côté le plus éloigné des fenêtres.

—

AUTOGRAPHES DU XVIe AU XIXe SIÈCLE.

Rangée supérieure.

315. Registre de Pierre de Lestoile pour le règne de Henri III. (Français 6678.)

316. Lettre de Jacques Amyot au duc de Nivernais, du 9 août 1589. (Reliée dans un volume de la collection de Béthune, n° 3422 du fonds français .)

317. Lettre de Montaigne, du 16 février 1588. (De la collection du docteur Payen.)

318. Recueil des lettres autographes de Rubens, adressées à Pierre Du Puy. (Collection Du Puy, n° 714.)

319. Recueil des lettres autographes de Poussin, adressées à M. de Chantelou. (Français 12347. — Acquis en 1857.)

320. Fragments autographes de Gresset. (Français 12504.)

321. Lettre de Beaumarchais. (Français 15027.)

322. Lettre de lord Byron, du 22 mai 1823. (Anglais 66.)

Rangée inférieure.

823. Opuscule composé en l'honneur du cardinal Mazarin, intitulé : « Imago cardinalis Julii Mazarini, » copié en 1659 par N. Jarry. (Latin 7816.)

324. Lettre de saint François de Sales, du 17 mai 1611.

825. Quittance de saint Vincent de Paul, du 12 octobre 1654.

826. Lettre de Nicolas Foucquet à sa femme, du 23 janvier 1662.

327. Lettre de sœur Louise de la Miséricorde (madame de La Vallière) à l'abbé Renaudot.

328. Quittance d'Eustache Le Sueur, du 31 décembre 1651.

329. Lettre de Pierre Pujet à Colbert, du 15 février 1668.

830. Billet de Colbert à Baluze, du 16 août 1669.

331. Lettre du P. de La Chaize, du 15 août 1705.

332. Lettre de Henri de Belzunce, évêque de Marseille, du 27 septembre 1716.

833. Lettre de La Harpe. (Donnée par M. Dureau Delamalle.)

334. Lettre de Diderot, du 30 septembre 1749.

335. Lettre de Bernardin de Saint-Pierre à M. de Saint-Ange, du 18 novembre 1789.

336. Billet de Franklin à l'abbé de La Roche.

887. Note de Fourcroy, du 30 ventôse an III.

838. Lettre de Berthollet à Fourcroy, du 13 décembre 1807.

VITRINE XXXII

Côté le plus rapproché des fenêtres.

—

AUTOGRAPHES DU XVIIe ET DU XVIIIe SIÈCLES.

Rangée supérieure.

339. Lettre de Henri IV au duc de Sully. (Français 4057. — Don de l'abbé de Louvois.)

340. Lettre de Malherbe à Peiresc. (Français 9535.)

341. Les deux premiers actes de la tragédie d'Achille ; manuscrit autographe de La Fontaine. (Français 12794. Volume donné en 1740 par l'abbé d'Olivet.)

342. Les Pensées de Pascal, manuscrit original (Français 9202.)

343. Premier volume des Mémoires du Cardinal de Retz. Français 10325.)

344. Sermons de Bossuet, manuscrit autographe. (Français 12821.)

345. Les Aventures de Télémaque, manuscrit autographe de Fénelon. (Français 14944.)

Rangée inférieure.

346. Premier volume des Mémoires de Louis XIV, écrit de la main du roi. (Français 10329.)

347. Lettre de Pierre Corneille à M. d'Argenson.

348. Lettre de Thomas Corneille.

349. Quittance de Molière, du 26 juin 1668.

350. Lettre de Boileau à Racine.

351. Lettre de Racine à Boileau.

352. Lettre de Turenne à la marquise d'Uzès.

353. Lettre de Bossuet au cardinal d'Aguirre. Minute.

354. Lettre de Madame de Sévigné à Madame de Grignan.

355. Lettre de Madame de Maintenon au roi d'Espagne.

356. Lettre de La Bruyère à Phelypeaux, du 16 juillet 1695.

357. Fragment écrit par Montesquieu.

358. Lettres de Voltaire au roi de Prusse.

359. Lettre de J.-J. Rousseau, datée du jeudi 23 mai.

TABLETTES DE CIRE.

360-363. Aux deux extrémités de la vitrine sont des tablettes de cire, dont trois contiennent des comptes de Philippe le Bel ; la quatrième renferme un morceau des comptes de la ville de Senlis, au commencement du xive siècle.

GALERIE ANNEXE.

—

DOCUMENTS DIPLOMATIQUES ET PIÈCES DIVERSES.

Papyrus égyptiens.

364. Partie d'un exemplaire du Livre des morts, en caractères hiéroglyphiques, au nom de l'Osiris Amen-em-ua. (Papyrus égyptien 33.)

365. Partie d'un magnifique exemplaire du Livre des morts, en caractères hiéroglyphiques, écrit pour Souti-mès, scribe du temple de Thèbes, chef des scribes de la demeure d'Ammon. (Papyrus égyptien 43.)

Papyrus grecs.

366. Fragment de compte relatif à un deuil de Mnévis, l'an 159 avant Jésus-Christ (Supplément grec 596; n° 55 *bis* du recueil de Letronne.)

367. Notes de dépenses. (Supplément grec 595; n° 66 *bis* du recueil de Letronne)

Papyrus latins.

368-374. Actes d'ouverture de testaments devant le magistrat de Ravenne. Le rouleau de papyrus dont ces actes ont fait partie a été écrit en 552. (Latin 8842. Acquis en 1750.)

375-377. Règlement de comptes des biens meubles et im-
meubles reçus par le sous-diacre Gratien pour Étienne, son
pupille. Acte sur papyrus, fait à Ravenne en l'année 564, et
connu sous le titre de Charte de pleine sécurité; au xvi⁰ siècle,
dans la bibliothèque du roi à Fontainebleau, il passait pour
être le testament de Jules César. (Latin 4568 A.)

Actes mérovingiens et carlovingiens.

378. Diplôme du roi Childebert III pour le monastère d'Argen-
teuil, 3 avril 696. (Latin 9007.)

379. Instructions données par Charlemagne aux députés qu'il
envoyait en Italie. 785 (Latin 9008.)

380. Privilège accordé à l'église de Saint-Rémi de Sens, par
Guenilon, archevêque de Sens, vers l'année 846. Au bas de
l'acte, sont les souscriptions, peut-être autographes, de trois
archevêques, de dix évêques et de deux abbés; parmi ces signatures, on remarque celle de l'historien Fréculfe, évêque de
Lisieux. (Latin 9120, pièce 1. Donné en 1804 par le maire de
Sens.)

381. Diplôme de l'empereur Charles le Gros pour le monastère de Saint-Maximin de Trèves. 1er octobre 885. Avec une
bulle de plomb. (Latin 9264, pièce 7.)

382. Diplôme de Zwentibold, roi de Lorraine, pour le monastère de Saint-Maximin de Trèves. 13 juin 897. Avec le sceau
de Zwentibold. (Latin 9264, pièce 11.)

Chartes de la France.

383. Traité de Péronne, conclu entre Philippe-Auguste et
Baudouin, comte de Flandre. Janvier 1200. (Chartes de Colbert,
n⁰ 2.)

384. Confirmation par Louis VIII de la vente de la châtellenie de Bruges, faite à la comtesse de Flandre par Jean, sire de Nesle. Février 1225. Sceau du roi. (Chartes de Colbert, n° 6.)

385. Accord conclu par saint Louis et par Eudes, évêque de Tusculum, entre les enfants de Marguerite, comtesse de Flandre et de Hainaut. Juillet 1246. Sceaux de saint Louis et de l'évêque de Tusculum. (Chartes de Colbert, n° 10.)

386. Lettres de la reine Blanche de Castille, relatives à la féauté de Gui, avoué de Béthune, pour le comté de Flandre. Février 1252. Sceau de la reine. (Chartes de Colbert, n° 13.)

387. Charte de saint Louis, datée du camp près de Jaffa, en juillet 1252, touchant l'hommage de Gui, avoué de Béthune. Sceau du roi. (Chartes de Colbert, n° 14.)

388. Charte de Ferry, duc de Lorraine, pour l'abbaye de Remiremont Juin 1255. Au bas de l'acte est appendu le sceau de Jean, sire de Joinville. (Latin 11023. Pièce donnée en 1860 par M. Friry.)

389. Accord conclu par saint Louis, entre Marguerite, comtesse de Flandre, et Charles, comte d'Anjou, à Péronne, le 24 septembre 1256. Sceau du roi. (Chartes de Colbert, n° 15.)

390. Confirmation par saint Louis d'un accord conclu entre Marguerite, comtesse de Flandre, et le comte Thomas de Savoie. Août 1257. Sceau du roi. (Chartes de Colbert, n° 17.)

391. Confirmation par Philippe le Hardi d'un accord conclu entre Robert, duc de Bourgogne, et Robert de France, mari de Béatrix de Bourbon. Avril 1277. Sceau du roi. (Chartes de Colbert, n° 19.)

392. Confirmation par Philippe le Hardi, en mars 1284, de la

sentence que Charles, roi de Sicile, avait prononcée, le 13 septembre 1283, sur les différends de Gui, comte de Flandre, et de Béatrix, dame de Courtrai. Sceau du roi. (Chartes de Colbert, n° 22.)

393. Assignation d'une rente de 1300 l. t. faite par Philippe le Bel à Renaud, comte de Gueldre, en échange des droits que celui-ci avait à Harfleur, Montivilliers, Étretat et Fécamp. Août 1293. Sceau du roi. (Chartes de Colbert, n° 30.)

394. Confirmation par Philippe le Bel des privilèges des échevins et bourgeois de Lille. Juin 1296. Sceau du roi. (Chartes de Colbert, n₀ 39.)

395. Mandement de Philippe le Bel pour faire rendre à des marchands de Lubec des marchandises achetées en Écosse. 28 août 1396. Sceau du roi (Chartes de Colbert, n° 47.)

396. Grande ordonnance de Philippe le Bel pour la réforme du royaume. 18 mars 1303. Sceau du roi. (Chartes de Colbert, n° 49.)

397. Acceptation par les fondés de pouvoir de Philippe le Bel, des propositions faites par les représentants des Flamands. Les mandataires du roi, dont les sceaux sont appendus à 'acte, étaient Gilles, archevêque de Narbonne; Pierre, évêque d'Auxerre; Louis, comte d'Evreux; Robert, duc de Bourgogne; Amé, comte de Savoie; Jean, comte de Dreux. 29 février 1305. (Chartes de Colbert, n° 51.)

398. Ordre adressé par Philippe le Bel au comte de Flandre pour qu'il eût à livrer les Templiers au vidame d'Amiens, chargé d'arrêter les Templiers de Flandre. 13 novembre 1307. Sceau du roi. (Chartes de Colbert, n° 58.)

399. Ratification par Louis le Hutin du traité que ses gens avaient conclu avec Louis, fils aîné du comte de Flandre. Juillet 1315. Sceau du roi. (Chartes de Colbert, n° 100.)

400. Acte du parlement relatif aux démêlés de Robert d'Artois et de Mahaud, comtesse d'Artois. Mai 1318. Sceau de Philippe le Long. (Chartes de Colbert, n° 115.)

401. Lettres de pardon accordées par Charles le Bel aux habitants de Bruges, d'Ypres, de Courtray et des autres villes de Flandre. 19 avril 1326. Sceau du roi. (Chartes de Colbert, n° 137.)

402. Lettres de Philippe de Valois, contenant copie des actes par lesquels les communes d'Ypre, de Nieuport et de Dunkerque nomment des procureurs pour faire leur soumission au roi. 2 décembre 1328. Sceau du roi. (Chartes de Colbert, n° 152.)

403. Union à la couronne faite par le roi Jean des duchés de Bourgogne et de Normandie, des comtés de Champagne et de Toulouse. Novembre 1361. Sceau du roi. (Chartes de Colbert, n° 171.)

404. Confirmation par le roi Charles V de la concession du duché de Bourgogne à son frère Philippe. 2 juin 1364. Sceau du roi. (Chartes de Colbert, n° 175.)

405. Mandement de Charles VI au prévôt de Paris pour recevoir l'émancipation de Jean et d'Antoine, fils du duc de Bourgogne. 14 février 1402. Sceau du roi. (Chartes de Colbert, n° 196.)

406. Traité conclu à Arras, le 21 septembre 1435, entre Charles VII et Philippe le Bon, duc de Bourgogne. Exemplaire original, signé et scellé par les ambassadeurs du roi Charles VII, savoir : Charles, duc de Bourbonnais; le connétable Artur,

còmte de Richemond ; Louis de Bourbon, comte de Vendôme ;
le chancelier Renaud de Chartres, archevêque de Reims ;
Christophe de Harcourt ; le maréchal Gilbert de La Fayette ;
Adam de Cambray, premier président du Parlement ; Jean Tu-
dert, doyen de Paris ; Guillaume Charretier ; Etienne Moreau ;
Jean Chastenier et Robert Mallière. (Chartes de Colbert,
n° 203.)

407. Défense faite par Charles VII à Poton de Xaintrailles et à
plusieurs autres capitaines d'exercer des violences sur les ter-
res du duc de Bourgogne. 15 septembre 1438. Sceau de Charles VII. (Chartes de Colbert, n° 209.)

408. Confirmation du traité d'Arras par le dauphin Louis, qui
a écrit six lignes au bas de l'acte. 28 janvier 1457. Sceau du
dauphin. (Chartes de Colbert, n° 206.)

409. Confirmation par Louis XI du don fait à Charles, comte
de Charolais, des places de la rivière de Somme, etc. 13 novembre 1465. Sceau du roi. (Chartes de Colbert, n° 229.)

410. Lettres de Louis XI pour les partisans du duc de Bourgogne ; acte fait à Péronne après la captivité du roi. 14 octobre 1468. Sceau du roi. (Chartes de Colbert, n° 237.)

411. Autres lettres du roi portant suspension pendant huit
ans des procès auxquels avaient donné lieu les limites de la
Flandre et de l'Artois. 14 octobre 1468. Sceau du roi. (Chartes de Colbert, n° 238.)

412. Autres lettres pour faire régler à l'amiable les différends de Louis XI et de Charles le Téméraire. 15 octobre
1468. Sceau du roi. (Chartes de Colbert. n° 239.)

413. Renonciation par Louis XI aux droits que son fils pour-
rait avoir sur les pays et duchés de Lotrich, Brabant, Lim-

bourg, Luxembourg, etc. 22 janvier 1483. Signature et sceau du roi. (Chartes de Colbert, n° 251.)

414. Lettres de Charles VIII, relatives au traité conclu entre le roi des Romains et les Flamands. 30 octobre 1489. Sceau du roi. (Chartes de Colbert, n° 259.)

415. Lettres de Louis XII et d'Anne de Bretagne, touchant un traité de mariage entre Claude, leur fille, et Charles, duc de Luxembourg. Août 1501. Signature de Louis XII. Sceaux de Louis XII et de la reine Anne. (Chartes de Colbert, n° 264.)

416. Original du traité de Cambrai, conclu entre les ambassadeurs de François Ier et ceux de l'empereur Maximilien et de Charles, roi d'Espagne. Août 1516. Signatures et sceaux des ambassadeurs. (Chartes de Colbert, n° 295.)

417. Ratification du traité de Cambrai par François Ier, à Bordeaux, le 16 juin 1530. Signature et sceau de François Ier. (Chartes de Colbert, n° 378.)

418. Ratification du traité de Cateau-Cambrésis par le dauphin François, roi d'Écosse. 7 avril. 1559. Signature et sceau du dauphin. (Chartes de Colbert, n° 391.)

419. Vérification du traité de Cateau-Cambrésis au Parlement de Paris, le 8 mai 1559. Sceau du parlement. (Chartes de Colbert, n° 396.)

Actes pontificaux.

420. Bulle sur papyrus, du pape Silvestre II, pour Théotard, évêque du Puy. 23 novembre 999. Au bas est une signature en notes tironiennes, qui paraît devoir être lue: « Silvester qui et Gerbertus papa. » (Nouv. acq. lat. 2507. Acquis en 1875.)

421. Bulle du pape Léon IX pour l'abbaye de Brauveiler, au diocèse de Cologne. 7 mai 1052. Avec la bulle du pape en plomb. (Collection de Lorraine, vol. 981.)

422. Lettre d'Innocent III relative au mariage de Baudouin d'Avesnes et de Marguerite de Flandre. 20 février 1215. Bulle du pape en plomb. (Chartes de Colbert, n° 406.)

423. Constitutions promulguées par Grégoire X au concile de Lyon. 1er novembre 1274. Bulle du pape en plomb. (Chartes de Colbert, n° 863.)

424. Bulle de Léon X, portant concession des maîtrises de plusieurs ordres à Charles, prince d'Espagne. 12 décembre 1515. Bulle du pape en plomb. (Chartes de Colbert, n° 481.)

Actes impériaux.

425. Révocation par Frédéric II, roi des Romains, d'une sentence prononcée contre Jeanne, comtesse de Flandre et de Hainaut. 1220. Avec une bulle d'or. (Chartes de Colbert, n° 491.)

426. Traité conclu à Ségovie, le 6 novembre 1258, entre Gui, comte de Flandre, et Alphonse, roi des Romains. Sceaux d'Alphonse et de Gui. (Chartes de Colbert, n° 506.)

Diplôme espagnol.

427. Donation faite par Alphonse VI, roi de Léon et de Castille, à l'abbaye de Cluni, d'un monastère situé en Castille. 22 mai 1077. (Chartes de Cluni, n° 134.)

Chartes d'Angleterre et d'Écosse.

428. Donation de l'église de Saint-Pancrace en Angleterre, faite à l'abbaye de Cluni par Guillaume de Varenne. Au bas de l'acte sont les signes de Guillaume le Conquérant, de la reine Mathilde et de Guillaume leur fils. Vers l'année 1080. (Chartes de Cluni, n° 121.)

429. Ratification par Édouard III du traité conclu à Anvers, le 10 juin 1338, par les ambassadeurs de ce prince avec les Flamands. 26 juin 1338. Sceau d'Édouard III. (Chartes de Colbert, n° 532.)

430. Lettres de Jean, roi de Bohème ; d'Adulf, évêque de Liège ; de Raoul, duc de Lorraine ; d'Aimé, comte de Savoie, et de Jean, comte d'Armagnac. touchant la trêve conclue entre les rois de France et d'Angleterre. 25 septembre 1340. Sceaux. (Chartes de Colbert, n° 620.)

431. Lettres de Henri VI, roi d'Angleterre, pour confier à Philippe, duc de Bourgogne, le gouvernement et la garde de Paris, etc. 13 octobre 1429. Sceau de Henri VI. (Chartes de Colbert, n° 534.)

432. Lettres de Henri VII, roi d'Angleterre, touchant le traité conclu avec Philippe, roi de Castille. 9 février 1506. Signature, grand sceau et sceau privé de Henri VII. (Chartes de Colbert, n° 548.)

433. Obligation des barons et des communes d'Angleterre pour le mariage de Charles, prince d'Espagne, avec Marie, fille du roi Henri VII. 4 mai 1508. Au bas de cet acte sont les signatures et les sceaux des barons : Thomas, comte d'Arundel ; Jean, comte d'Oxford ; Henri, comte de Northumberland ; Thomas, comte de Surrey ; Georges, comte de Salop ; Henri, comte d'Essex ; Thomas, comte de Derby ; Charles de Somerset, Thomas d'Acre, Jean de Berners, Guillaume de Mountjoy, Thomas d'Arcy, Guillaume Conyers, Gilles d'Aubeney, Henri Stafford. Sur une seconde rangée sont disposés les sceaux des communes : Londres, York, Coventry, Norwich, Exeter, Ches-

ter, Worcester, Bristol, Southampton, Boston, Hull et New-
castle. (Chartes de Colbert, n° 557.)

434. Lettres de l'étaple de Calais, relatives au même mariage.
27 mai 1508. Sceau de l'étaple. (Chartes de Colbert, n° 558.)

435. Confirmation par Henri VIII, roi d'Angleterre, de la
ligue conclue avec le pape Léon X et l'empereur Maximilien.
15 novembre 1516. Signature et sceau de Henri VIII. (Chartes de Colbert, n° 567.) L'acte original des ambassadeurs
anglais porte le n° 435 *bis*.

436. Traité conclu avec Charles-Quint, à Cambrai, le 5 août
1529, par les ambassadeurs de Henri VIII, roi d'Angleterre.
Signatures et sceaux de Cuthbert, évêque de Londres, de Thomas More et de Jean Hacket. (Chartes de Colbert, n° 576.)

437. Acte relatif au divorce de Henri VIII, roi d'Angleterre.
10 juin 1533. (Chartes de Colbert, n° 487.)

438. Pouvoirs donnés par Marie, reine d'Angleterre, pour traiter de son mariage avec Philippe d'Autriche. Signature et sceau
de la reine. 1er janvier 1554. (Chartes de Colbert, n° 585.)

439. Lettres de Jacques V, roi d'Écosse, touchant le traité
conclu avec Marguerite, archiduchesse d'Autriche. 20 mai 1531.
Signature et sceau du roi. (Chartes de Colbert, n° 587.)

440. Confirmation par la reine Marie Stuart, par le grand
conseil d'Écosse et par les commissaires des grands et des trois
États de ce royaume, du traité conclu le 16 décembre 1550 avec
l'empereur Charles-Quint. Quatorze sceaux sont suspendus à
l'acte, qui est daté du 25 juin 1551. (Chartes de Colbert,
n° 591.)

Chartes de Flandre et du comté de Bourgogne.

441. Obligation de Philippe, fils du comte de Flandre, de
l'échevinage et des métiers de la ville d'Ypres, pour confier le

jugement d'un procès aux échevinages des villes de Gand, de Bruges, de Lille et de Douai, 7 avril 1304. Sceaux de Philippe et de cinq métiers de la ville d'Ypres. (Chartes de Colbert, nº 606.)

442. Promesse des villes de Gand, de Bruges et d'Ypres de rester fidèles à l'alliance conclue entre Édouard III, roi d'Angleterre, et Louis, comte de Flandre. 21 mars 1347. Sceaux des communes de Gand et d'Ypres. (Chartes de Colbert, nº 621.)

443. Lettres de Jean sans Peur, duc de Bourgogne, au sujet des requêtes qui lui avaient été adressées par les Flamands. 28 juillet 1417. Sceau de Jean sans Peur. (Chartes de Colbert, nº 668.)

444. Reconnaissance de la seigneurie de Charles le Téméraire par le clergé, la noblesse et le tiers état du comté de Hainaut, réunis à Bruxelles. 9 mai 1465. A cet acte furent appendus 66 sceaux, dont une trentaine sont conservés. (Chartes de Colbert, nº 686.)

445. Lettre de Marie, duchesse de Bourgogne, relative au mariage de cette princesse avec Maximilien. 18 août 1477. Signature et sceau de Marie. (Chartes de Colbert, nº 697.)

446. Lettre de l'archiduc Philippe pour la ville de Besançon. 26 juin 1504. Avec deux sceaux, dont l'un est celui de la commune de Besançon. (Chartes de Colbert, no 743.)

Lettre d'un doge de Venise.

447. Lettre adressée par le doge de Venise à l'ambassadeur de la République près de Charles le Téméraire, au sujet des affaires de l'Orient. 19 juillet 1473. Bulle du doge en plomb. (Chartes de Colbert, nº 695.)

Acte d'un roi de Danemark.

448. Pouvoirs donnés à des procureurs par Christiern, élu roi de Danemark, pour traiter de son mariage avec Isabelle, nièce de l'empereur Maximilien. 1er janvier 1514. Sceau de Christiern. (Chartes de Colbert, nº 747.)

TABLE CHRONOLOGIQUE

DES MONUMENTS ANTÉRIEURS AU XIIe SIÈCLE

EXPOSÉS

DANS LA GALERIE MAZARINE ET DANS LA GALERIE ANNEXE

TABLE

Angers, imprimerie Burdin et Cie, 4, rue Garnier.